12385

LES
IMPOSTVRES
ET LES
IGNORANCES
du Libelle intitulé, la Theologie Morale des Iesuites.

Par l'Abbé de Boisic.

M. DC. XLIV.

PREFACE.

ON a raison de croire que c'est Arnauld qui est l'Autheur du libelle de la *Theologie morale des Iesuites*, puis que tout Paris le dit ainsi, & que ses meilleurs amis le publient par tout, mais quand tout le monde se tairoit, l'escrit parle assez de luy-méme, descouurant les sentimens qui luy sont particuliers touchant la Communion, la necessité d'vne parfaite Côtrition au Sacrement de Penitence, & l'abus des pratiques & des vsages de l'Eglise en ces derniers temps. Il est encore aisé de le recognoistre par la redite qu'on y fait des mesmes choses, qui sont inserées en plusieurs endroits du liure de la frequente Communion, principalement dans le chapitre 36. de la seconde partie, & dans l'auertissement fait contre les Iesuites, qui est adiousté à la seconde impression. De vous dire si ce bon Docteur a pretendu par là, se vanger du decry que ces Peres firent dernierement de sa nouuelle doctrine en

A ij

la chaire de S. Louys, ou bien preuenir les esprits contre leurs liures, & par auance parer aux coups dont il se voit menassé de ce costé là, ie m'en rapporte à sa conscience : mais il est veritable que ç'a tousiours esté la façon des *Heresiarques & des semeurs de dangereuses nouueautez*, de tascher à rendre suspectes les mœurs & la doctrine des personnes qui s'opposoient à la naissance de leur erreurs. Tout le monde sçait comme il en prit à S. Athanase, pour auoir le premier auec S. Alexandre son Euesque descouuert, & resisté en face aux heretiques Arriens, comme il fut accusé luy mesme d'heresie, aussi bien que d'homicide, & d'impudicité, & comme en suitte il fut persecuté par des Princes Catholiques qui s'estoient laissé surprendre, aux artifices des Euesques Arriens, lesquels se seruoient de ces puissances temporelles comme d'instruments, à la ruine de l'innocence, & de la Religion, & à l'establissement du crime & de l'erreur. Qui peut ignorer comme les Pelagiens traiterent S. Hierome qui auoit escrit le premier contre eux, & apres luy S. Augustin, depuis qu'il eut acheué d'euanter leurs malice, & mis en euidence leurs souplesses ? Ne l'accuserent il pas d'estre Manicheen, de priuer

Dieu de sa bonté, pour le rendre cruel, de rauir à l'homme sa liberté, & de la despoüiller de sa propre nature ? N'eust il pas besoin de recourir luy méme aux Apologies, & ses Disciples apres sa mort, ne furent ils pas long temps en peine de iustifier la doctrine de leur Maistre, que ces heretiques en vengeance du mal qu'il leur auoit fait, ne cessoient de diffamer par leurs escrits. Et pour venir à nos temps, & ne rien dire des anciens Religieux, dont les Chroniques & les Annales, nous font encor voir les fragmens des liures qui ont esté faits contre leurs mœurs, & leur doctrine, à mesure qu'il s'éleuoit quelque trouble dans l'Eglise: il n'y a que 13. ans, que l'Abbé de S. Syran & l'Euesque D'ipre, estans tous prets de faire auorter le mal-heureux dessein, que depuis plusieurs années ils auoiēt coniointement formé à Baionne, pour la ruine de l'Eglise, & le trouble des conscieces, & preuoyant assez le grand obstacle qui formeroient de leur costé les Peres de la Compagnie de Iesus ; ils firent premierement esclore cet infame liure de Petrus Aurelius dans lequel tout le corps de cette compagnie, & les parties les plus considerables qui la composent, sont traittez comme des scelerats, déchirez comme

A iij

des impies, & noircis côme les plus grands heretiques du temps. Aussi estoit-ce vne de leurs maximes, qu'on a depuis aueré en iustice, & qui passe encor maintenant pour vn premier principe entre les disciples de ces nouueaux Legislateurs, qu'il faut exterminer les Iesuites, ou au moins les rendre inutils à la deffence de l'Eglise. Si c'est ce mesme motif & cette consideration, qui a obligé le sieur Arnauld le meilleur support de cette caballe, à composer le libelle de la pretenduë Theologie des Iesuites, & que son liure de la frequente Communion qui n'est qu'vne suitte de *ce schisme naissant*, redoute de rencontrer les mesmes oppositions dans le zele & la science des Iesuites : qu'elle merueille si pour preuenir leurs efforts, & se garder de leurs atteintes, il employe les mesmes armes de la calomnie, de l'imposture, & du mensonge, dont il a appris dés sa ieunesse l'vsage, sous l'vn de ces deux grands maistres.

Toutefois à dire le vray, il s'y est pris de mauuaise sorte dans le libelle diffamatoire dont il s'agit; car quand bien les choses qu'il allegue des escrits de quelques Iesuites, seroient ou reprehensibles, ou fidellement raportées, ce qui est bien esloigné de la verité comme on recognoistra tantost par les impostures & les ignorances de toutes ses remarques (& quand cette rapsodie passeroit en effet dans la creance publique, pour la doctrine de ceux qu'il y a citez: Les erreurs, ou les nouueautez, qui seroient extraites des liures de ces particuliers, ne pourroient en rien preiudicier à la doctrine de cette auguste Compagnie, non plus que la fausse opinion d'vn Docteur Catholique, à la saine creance de toute l'Eglise. Pourquoy dõc qualifier du nõ de Theologie des Iesuites, vn ramas de quelques sẽtences odieuses? quand elles seroient aussi bien esparses parmy le nõbre presque infini de leurs liures, comme elles en sont éloignees, puisque les veritès y sõt incomparablement plus nombreuses; qui pour vn qui se trouuera parfois d'vn sẽtiment particulier, il y en aura cent qui suiurõt le commun, & que leur Compagnie ne prend à cœur aucune sentence particuliere, mais fait estat seulement de suiure les opinions les mieux receuës aux Vniuersitez catholiques. Et certes si cette façon de blasmer estoit receüe & que de quelques defauts particuliers il fut loisible de tirer vne consequẽce pour le tout, y auroit il riẽ de plus aisé, que de décrier ainsi les saints

Peres de l'Eglise, & de rendre suspecte à tout le mōde, la doctrine de leurs escrits: Car plusieurs, voir la plus part d'êtte eux ayāt erré en quelques points d'importance mesmement contre la foy, qui voudroit ramasser & mettre en gros toutes les fautes qui se trouuent au destail de leurs liures, il pourroit faire vne *Theologie des saints Peres* bien plus grosse & plus estrange, que celle à qui Arnauld fait porter le nom de *Theologie des Iesuites*. De mesme en iroit il des plus fameuses vniuersitez, qu'on pourroit rendre par ce moyen criminelles d'ignorance & de malice, si l'on prenoit à tasche de rechercher les opinions erronées & dangereuses, des Docteurs qui en sont les membres. Et si quelqu'vn entreprenoit de faire vn liure des erreurs du Maistre des Sentences, touchant les suffrages qu'on fait pour les Morts & le soudiaconat: de Maior coniointement auec luy, pour ce qui regarde la signification de l'absolution sacramentale, de S. Bonauenture, & de Hugues de S. Victor, auec le Maistre des Sentences pour le regard de l'institution du Sacrement de L'extreme Onction, de Gerson en ce qui concerne l'obligation qu'apportent les Loix humaines. D'Almainus, & du mesme Gerson touchant la difference du peché mortel d'auec le veniel : & s'il venoit à y ioindre encore celles des plus recens, comme de Richer touchant la puissance du Pape, de Petrus Aurelius touchant l'ancienne loy dont il blaspheme, de Hallier touchant les Diacres ; & les Prestres qu'il qualifie du nom de chefs de l'Eglise, & de Princes de la Hierarchie, au grand mespris des Euesques ; Et enfin d'Arnauld touchant le pouuoir de lier & delier que les Prestres ont lequel il dit auoir pour fin principale & prochaine, non la remissiō de la coulpe mais de la peine : Si disie quelqu'vn vouloit faire vn corps de toutes les fausses opinions qui sont en grand nombre chez ces Docteurs, il pourroit composer vne *Theologie de cette celebre Vniuersité* qui ne vaudroit pas mieux asseurement, que celle à qui on donne le nō de *Theologie des Iesuittes.* C'est pour dire par ces exemples, que si quelques personnes particulieres, se sont par fois escartees du droict chemin, & ont suiuy des routes esgarees, il n'en faut pas donner le blasme à ceux qui sont tousiours demeurez dans la voye la plus asseurée où qui improuuent leur temerité, & taschent de les ramener au bon chemin, & ce seroit sans doute vne grande iniustice,

Vind p. 609. 610. de sacr. ord. P. 573. Ecclesiæ duces, & Ecclesiasticæ hierarchiæ Principes. De la frequente Communiō p 498. & 499.

d'imputer à vne communauté tous les defauts de ses suiects. Et de la blamer plustost pour l'ignorance, ou la temerité de deux ou trois, que de la loüer pour la science & la vertu de dix mille.

Il faut cependant auoüer qu'il y a des cõmunautez qui sont parfois criminelles & responsables des fautes des particuliers, & qu'on a raison de leur imputer, & de les blasmer de la mauuaise doctrine de leurs suiets. Mais qui sont elles ie vo⁹ prie? seroit ce bien celles-là, dont les Regles & l'institut combattent tousiours les mauuaises mœurs & la mauuaise doctrine? qui ne souffrent iamais impunement ny le crime ny l'erreur? & qui vaquét perpetuellemét à espurer leurs suiects de tout vice & de toute ignorance? seroit ce, disie celles là de qui l'establissement n'a pour but que la ruine de l'heresie & de l'impieté? celles que le S. Esprit a formé luy mesme pour cette fin & que le Vicaire de Iesus-Christ employe tous les iours à l'acheuement de ce dessein? Il n'est que trop manifesté que ce ne sont point ces communautez qu'on doit taxer des fautes de leurs suiects, puis que iamais ils ne faillent sans enfraindre leurs ordonnances, & s'esloigner en cela de l'intention de leurs Superieurs. Mais ce sont bien plustoft ces Assemblees, dont la caballe n'est autre chose qu'vn party formé pour l'establissement de l'erreur, & de la nouueauté, dont la visée n'est autre que d'alterer & de rendre inutile la doctrine la mieux receuë, dont les maximes detestables ne subsistent que par des sermens de secret & de silence, & ne paroissent iamais au iour qu'à trauers les troubles qu'elles y ont suscitez; & dont enfin les supposts portent pour charactere l'esprit particulier & la presomption. Car quand en suite de tout cela on voit les personnes de ce corps faillir en la doctrine ou aux mœurs, on a certes bien raison de s'en prendre à tout le party, & de luy en sçauoir mauuais gré, puis qu'il se rend maistre de l'erreur, & qu'il apprend à faillir : & tant s'en faut que ce soit contre raison de confondre aupres de ces gens là, les fautes personnelles auec les communes, ou passion d'attaquer coniointement le corps & les membres, le particulier auec le general; qu'à dire le vray, c'est vne action de iustice, ces particuliers n'estant criminels qu'en vertu de l'obeissance qu'ils rendent au commun, & cette caballe estant punissable pour les iustes deuoirs qu'elle exige de ses supposts. Ainsi (pour ne rien dire des heresies dont personne ne doute) si quelqu'vn maintenant ramassoit les erreurs qu'Arnaud a semé dans le Liure de la Frequente Communion, & venoit à les adiouster aux maximes de S. Syran; il pourroit sans reproche, faire vne Theologie & la nommer *La Theologie des Syranistes*, auec autant de iustice & de raison, que nous voyons tous les iours nos Philosophes apres auoir aiusté leurs conclusions aux principes d'Aristote, qualifier leur Philosophie du nom de cet Autheur. Car il est euident que les erreurs d'Arnaud sont presque toutes tirees des execrables maximes de cet Abbé; si connuës de tous ceux qui l'ont autrefois approché; si bien verifiées en iustice; & pour lesquelles luy-mesme faisoit gloire, d'auoir acquis en vne longue prison, la qualité de Confesseur. Pleut à Dieu qu'il eut remporté celle de Martyr, il seroit maintenant plus en repos, & l'Eglise aussi.

LES IMPOSTVRES

ET LES IGNORANCES

du Libelle intitulé

LA THEOLOGIE MORALE

des Iesuites.

Apres ce que nous venons maintenant de dire, tout le monde iuge assez, qu'il ne s'agit pas icy, de defendre vne Doctrine qui ne soit propre à la Compagnie de Iesus puisque la chose ne peut regarder que quelques particuliers de ce Corps, aussi nous pourrions ensuitte, sans crainte d'aucun preiudice pour le regard de ce *sainct Ordre*, nous dispenser de faire responce au Libelle qui porte pour Tiltre, *la Theologie Morale des Iesuites*, & laisser les personnes qui y sont interessées, vuider elles mesmes leurs differens auec Arnauld où si elles le iugeoient plus à propos, continuer à payer d'vn mespris, l'attaque qu'il donne la dedans à leur Doctrine. Pour satisfaire toutefois en quelque façon aux obligations que i'ay à plusieurs d'entre-eux qui me sont amys de longue main, pour n'abandonner aussi la reputation de ces grands hommes à la calomnie, & à l'ignorance de ce Docteur; & de peur enfin que ce Thrasō qui ose s'attaquer aux Geans ne tire auantage de leur silence, voulant passer aux despens de la verité & de l'honneur d'autruy, pour vn sçauant personnage, & vn fidel accusateur; il faut que nous mettions au iour ses Impostures, & ses ignorances, & que nous fassions voir à tous ceux qui auront des yeux, & du discernement; que ce ne sont pas les Iesuites nommez dans son Libelle, qui abusent de la Theologie; mais que c'est luy qui ne l'entend pas, ou qui la corrompant malicieusement, les veut rendre coupables de son crime. Donc en la premiere partie de cette Response, qui contiēdra les impostures du Libelle de *la Theologie Morale des Iesuites*, nous rapporterons premierement les propres paroles, auec les mesmes citations d'Arnauld : & puis nous allegueront au vray les sentences, & les actions dont il sera question. En la seconde Partie qui comprendra les ignorances du mesme Libelle, apres en auoir pareillement rapporté le texte, nous produirons premierement les Autheurs non Iesuites qui seront de mesmes aduis que ceux qu'il taxe de singularité ou de mauuaise Doctrine: & puis nous alleguerons quand il sera besoin, les Autheurs Iesuites qui se trouueront de contraire opinion à ceux qu'il aura repris. Ainsi par la decouuerte des impostures de ce Libelle du sieur Arnauld, qui se retrouueront souuent meslees mesme parmy ses ignorances; on decouurira son animosité contre les Iesuites, qui l'oblige de recourir à des armes si criminelles, que celles de la calomnie: & par ses ignorances auerées, on recognoistra celles de ce bon Docteur; & de plus tout le mõde verra, qu'il pouuoit aussi biẽ intituler son Libelle *la Theologie Morale contraire à celle des Iesuites*, ou bien *la Theologie Morale des Autheurs non Iesuites*, comme il l'a malicieusement intitulee, *la Theologie Morale des Iesuites*.

IMPOSTVRES.

du Libelle intitulé

La Theologie Morale des Iesuites.

<small>In notis ad Concil. Franco-fordienfe.</small> Le Pere Sirmond a enseigné dans ses Conciles. Que le second Concile de Nicée n'est point Oecumenique, quoy que les Legats du Pape Adrian I. y ayent presidé, & qu'il soit appellé dans toutes les seances, Concile Oecumenique.

DECOVVERTES.

S'attaquer mal à propos à vn homme de si grand merite que le Pere Sirmond, sur qui toute la France arreste les yeux, & dont les liures se retrouuent dans toutes les Bibliotheques; & luy imposer hardiment tout le contraire de ce qu'il a escrit au lieu mesme qu'on allegue contre luy; c'est vne extreme effronterie, ou bien vn transport qui tient du furieux. C'est neantmoins celuy d'Arnaud, comme <small>Imposture qui passe</small> vous verrez, comparant ce qu'il luy impose, auec les propres paroles du mesme

mesme Pere, restat ergo vt quænam illorum de imaginibus mens fuerit, auꝭ qua ratione purgari queant qui Synodum Nycænam quam inter Oecumenicas numeramus explodere ausi sint consideremus. Reste donc que nous voyons quel a esté leur sentiment touchant les images, ou comme on pourra excuser ceux qui ont bien eu la hardiesse de reietter le Concile de Nice que nous reconnoissons pour Oecumenique. Si vous lisez les Escritures auec le mesme esprit que vous faites icy les Conciles, & qu'ailleurs vous auez fait les saincts Peres, vous auez toutes les marques de vostre mission. *Imposture qui passe toute impudence*

IMPOSTVRES. pag. 8.

Ils enseignent contre le Precepte d'aymer son Prochain, Qu'il n'y a point de peché mortel d'auoir vne alienation telle & si violête contre quelqu'vn que pourquoy que ce soit on ne vueille luy pardonner quand il reconnoist auoir failly & se met à la raison. *Bauny. Somme des pechez page 124. 125. de l'edit. 5.*

DESCOVVERTES.

Si le Pere Bauny parloit ainsi, il ne seroit pas ce qu'il est, homme de grande vertu, & de rare sçauoir, car sa doctrine contrediroit à l'Euangile: mais si c'est vous, Arnaud, qui luy *P. Bauny.*

imposez, vostre action, destruit le *Precepte d'aymer son prochain*. Escoutons le Pere Bauny en la page 124. *La troisième marque de haine à l'endroit du prochain, C'est de ne le vouloir hanter, en auoir vne telle alienation, & si violente, que pourquoy que ce soit, on ne vueille luy parler ny l'aider à son besoin, ou bien luy pardonner, quand il reconnoist auoir failly, & se met à la raison.* Et puis demandant, *si nous sommes obligez sous peine de peché mortel, de donner à celuy qui nous auoit offensé, des preuues de l'amour que nous auons pour luy*; il respond ainsi, en la page 125. apres auoir allegué plusieurs marques d'vne affection speciale, *Ie croy que pour manquer à ces choses, il n'y a point de peché mortel, sinon en cas de scandale, ou bien de necessité, tant du corps que de l'ame.* Voila bien vn autre langage, que celuy que vous prestez; & n'auez-vous point de honte, faisant ainsi la these, l'hypothese; prenant vn mot d'vne page, & le ioignant à celuy qui est au bout de l'autre; confondant malicieusement le doute proposé, auec la resolution; & la pensée de l'Autheur, auec vostre malice, d'auoir encore osé chager lors

Detestable calomnie, & noire supposition.

Le mesme P. en la pag. 178. dit encore, qui ne veut pardonner, ne doit estre absous.

qu'il s'agissoit de la decision d'vn pe- | Son opi-
ché mortel, le mot de *parler*, en celuy | nion est de
de *pardonner*? Bon Dieu, gardez-nous | S. Tho. 2.2.
de ce reformateur. | q.25. art.9.
| Nauar. En
| ch. c. 14 &
IMPOSTVRES. *page 29.* | presque de
| tous.
Et enfin, pour aller au delà de tout
ce qu'on pourroit croire, ils s'emportent iusques à maintenir; Que l'on ne
doit ny refuser, ny mesme differer
l'Absolution à des personnes qui sont
dans des habitudes de crimes contre
la Loy de Dieu, de la nature, ou de
l'Eglise, encore que l'on n'y voye aucune espece d'amedement. *Et si emen-
dationis futurae spes nulla appareat.*

DESCOVVERTES.

Qu'appelle-on franchir les bornes p. Bauny,
de toute pudeur, & passer au delà
de toute impudence, sinon d'imposer
au P. Bauny, comme chose publique
& aueré dans ses liures, vne damnable
doctrine? Quoy qu'il soit aussi aisé de
conuaincre l'accusateur de fausseté,
qu'il est facile de recourir au liure,
& à la page qu'il cite, pour authoriser
la calomnie. Ie m'estonne, Arnaud,
que les characteres de vostre Libelle
ne changent icy de couleur, pour rougir de vostre honte : le Lecteur asseu-

rément en rougira, quand il aura trouué l'endroit que vous citez, où il n'y a pas vn seul mot de toute cette matiere; & qu'au chapitre suiuant, qui est le 15. il y apperceura ces paroles. 1. *Assertio publici concubinarij non sunt absoluendi antequam concubinat à se suas ablegauerint.* 2. *Assertio occulti concubinarij absolui possunt, si eos pœnitet vitæ præteritæ cum proposito verè eam emendandi, seque primo tempore à concubinis seiungendi.* Et en la 16. question du mesme liure, *Dico, 1. Numquam absoluendos esse eos qui necromantiæ, ac superstitionibus sunt dediti, nec qui cambia, vsuraria contractus illicitos faciunt, nisi penitus ab illis abstineant: Dico, 2. etsi qui sunt in occasione peccandi proxima regulariter absolui non debeant, nisi prius eam re aut voto deseruerint, frui tamen hoc beneficio poterunt inquit Nauarrus, cum his conditionibus prima vt verum dolorem de peccatis habeant, 2. firmum propositum ea vitandi de cætero, 3. non peccandi cum se illis occasio obtulerit iterandi ea quorum illos modo pœnitet, 4. vt iustam causam habeant non vitandæ occasionis quæ illis olim causa peccandi extitit. Deo 3. iuuenes & quoscunque alios*

Le mesme P. Bauny en sa Somme, page 1085. demandant si l'absolutiō se peut donner à qui ne se veut deporter de l'vsure, magie, paillardise, &c. Il respond, cōme ces choses ne peuuent estre apperceues sans peché, aussi n'y peut-on pas continuer, qui donc ne changera de volōté n'en pourra receuoir le pardon par la bouche du Prestre.

qui sunt in proxima occasione peccandi absoluendos non esse, cum causa illis nulla suppetit in ea manendi, nisi spondeant eam se derelicturos cum poterunt. Iugez donc, Lecteur, ie vous prie, de l'indignité de cette calomnie, contre vne personne Religieuse, & de grande reputation, voyez à qui les Iesuites ont affaire; & quelles armes on employe contre leur innocence; & apres cela ne doutez plus que l'autheur d'vne si noire supposition, ne doiue desormais passer pour le *truchement du pere des mensonges.*

IMPOSTVRES. page 15.

Dans toutes les palliations qu'ils ont trouuées pour authoriser l'vsure, il n'y a plus maintenant que les simples qui en puissent faire scrupule: & Bauny donne des inuentions pour pouuoir, sans blesser sa conscience, donner son argent à interest, & le prendre, non seulement au denier des rentes constituées; mais tel que la discretion & la prudence de celuy qui preste, iugera à propos: Et il a pris la peine d'en dresser le Contract, & mesme les complimens qu'on se doit faire l'vn à l'autre, dans ces rencôtres.

Bauny. Somme des pechez, pag. 321. & suiuantes, 3. Edit.

DESCOUVERTES.

P. Bauny.

Si le monde adiouſtoit autant de creance à cette accuſation contre les Ieſuites en general, que Dieu mercy, on fait par tout à leur doctrine. *Les ſimples meſme ne feroient plus ſcrupule de l'vſure;* puiſque Arnaud les aſſeure, qu'ils trouueront chez les Ieſuites, des palliations pour les authoriſer : mais afin de prouuer vne ſi eſtrange licence, il faudroit bien chercher des témoins, auant que d'en rencontrer vn

Quatre impoſtures tout à la fois.

ſeul parmy eux; & le Pere Bauny qu'il allegue au nom de tous, dit le contraire formellement, non ſeulement au lieu qu'il cite: mais encore en la page 335. & 336. Secondement, il impoſe au meſme Autheur, l'accuſant de

Comitol. & Azor, Ieſuites tiennent le contraire.

donner des inuentions pour mettre ſon argent à intereſt; car le Pere ne dit autre choſe, ſinon *qu'on peut faire profiter ſon argent par le moyen des trois contracts*: receus de plus de trente-deux Autheurs, entre leſquels ſont Maior, in 4. diſt. 15. Nauar. man. c. 17. n. 154. Sylueſter. Medina in 4. inſtitut. §. 27. Homob. de exam. p. 2. &c. Pour troiſiéme ſuppoſition, Arnaud aſſeure que le P. Bauny enſeigne qu'on peut donner ou preſter, &c. & le P. ne parle point de prest qui ne se trouue qu'au contract *de mutuum*, mais il dit, qu'on peut donner son argent pour estre employé à quelque vsage honneste & licite, ainsi qu'il est manifesté, tant par la page où nous renuoye l'imposteur, que par la 333. Enfin pour acheuer comme il a commencé, de mentir hardiment, il acouse malicieusement le Pere Bauny, de laisser à la discretion, & à la prudence d'vn chacun, de prester à tel interest, que bon luy semblera: Et tant s'en faut que cela soit veritable, qu'en la page 337. il enseigne distinctement, que ceux qui veulent auoir dix pour cent, sont *reprehensibles*, *à raison qu'ils passent le terme de l'Ordonnance*. Ie ne sçay ce qu'a fait le Pere Bauny au sieur Arnaud, qui luy en fait tant à croire: ne le prendroit il point pour quelqu'vn des Peres de la primitiue Eglise, ausquels il fait dire tant de faussetés dans le Liure de la Frequéte Communion.

IMPOSTVRES. *page 27.*

Ils passent encore plus loin, & *Bauny ibid.* soustiennent, *Qu'on peut rechercher directement,* PRIMO ET PER SE, *Vne occasion prochaine de pecher pour quelque*

B iiii

bien Temporel ou Spirituel, de nous ou de nostre prochain.

DESCOVVERTES.

Il faudroit bien estre perdu de conscience, pour enseigner vne si detestable doctrine, mais il faut estre pire qu'vn Demon, pour l'imposer comme fait Arnauld, à la personne du P. Bauny. Lecteur, voyez s'il vous plaist l'endroit, non seulement où vous addresse la marge qu'il vous cite, mais encore tout le liure du Pere, vous ny trouuerez ny marque ny vestige de cette calomnie, & vous découurirez le contraire en plus de cent endroits. Arnauld, Dieu n'a pas encore abandonné son Eglise iusques à ce point, que de luy donner pour Docteurs, des Maistres d'vne si mauuaise doctrine : non plus que pour *Euangeliste*, le plus infame Sycophante de la terre.

IMPOSTVRES. *page* 12.

Bauny. Somme des pechez, pag. 205.

Pour le Commandement d'honorer son Pere & sa Mere, sans parler maintenant des Peres spirituels; Bauny excuse generalement de peché mortel les enfans qui prennent le bien de leurs Peres & Meres, & il se fonde sur vne raison tres-pernicieuse;

D'autant, dit-il, que les Parens ne sont censez vouloir obliger leurs Enfans à n'entreprendre sur le leur, sous cette peine, y ayant de l'apparence qu'ils aymeroient mieux voir tout leur bien fondu entre leurs mains, que leursdits Enfans en disgrace auec Dieu. Comme si ce sentiment ne deuoit pas estre commun à tous les Chrestiens, ou comme si ce n'estoit pas vn peché d'outrager les gens de bien, sous pretexte qu'ils font profession de pardonner leurs iniures qu'on leur fait.

DESCOVVERTES.

N'abusez-vous pas entierement de la simplicité de vos lecteurs, d'oser les renuoyer par vostre citation, au texte du P. Bauny, auquel s'ils se donnoient la peine de recourir, ce seroit pour y lire vostre condemnation, & reconnoistre la generalité de vostre imposture. Le P. Bauny demande en ce lieu, *Si les Enfans ne peuuent iamais rien prendre du bien de leurs Parens sans peché,* & il respond, *que non, d'autant que tandis qu'ils viuent, il n'est pas à eux, mais à leurs parens, qui n'entendent pas d'en estre priuez, moins qu'on leur en fasse tort en le prenant contre leur gré.*

P. Bauny.

apres quoy il adiouste ; *Ce peché neant-moins souuent n'est pas mortel, 1. parce que la somme que lesdits Enfans s'attribuent, souuent n'arriue pas à celle que communement on exige ausdits Enfans, pour faire vn peché de cette qualité, en matiere de larcin. 2. d'autant que lesdits Parens ne sont censez les vouloir obliger à n'entreprendre sur le leur, sous cette peine, &c.* Appellez-vous cela, *excuser generalement de peché mortel*, apres auoir leu de vos yeux, la responſe qu'il fait à la question proposée, qui comme vous voyez, n'est pas meſme generale? & auoir entendu la raison qu'il apporte pour appuyer sa responſe? que diray-ie? qu'ayant allegué deux preuues, pour excuser souuent les Enfans de peché en cette matiere, vous auez laissé la premiere, qui est la meilleure, & n'auez rapporté que la seconde, que vous reprenez mal à propos, & malicieusement, veu que le Pere ne la propose pas comme vniuerselle, pour tous les parens, mais seulement pour le regard de quelques-vns? & qu'il y a bien à dire qu'on puisse raisonnablement presumer le mesme de tous les Chrestiens, qu'on peut faire des Parens en cette occasion. Adjouſtons icy les dernieres paroles du Pere Bauny, qu'il met en ſuitte de ces deux raiſons, & que vous n'auez garde de rapporter. *Si toutesfois leſdits Parens receuoient quelque notable deſplaiſir de la liberté de leurs Enfans à ſouſtraire leurs biens, & que ces biens fuſſent conſiderables, j'eſtimerois auec Caietan & Leſſius, qu'ils pecheroient mortellement, en les priuant, &c.* il n'y a rien de mal en tout cela, que la deprauation & la malice d'Arnaud.

Fagundes l. 7. in dec. c. 3. n. 2. & Rebellus 1. p. de oblig. inſt l. 3. q. 15. t. 13. Ieſuites eſtimét que ces enfans pechent touſiours.

IMPOSTVRES. *page* 11.

Touchant le ſecond Commandement, Bauny pretend, Que prendre Dieu à teſmoin d'vn menſonge leger, n'eſt vne irreuerence, pour laquelle il vueille & puiſſe damner vn homme.

Bauny, Somme des pechez, pa. 84. Edit. 5.

DESCOVVERTES.

Le Pere Bauny enſeigne expreſſement le contraire en ce meſme endroit, & maintient que tout pariure eſt mortel, pour legere que puiſſe eſtre la matiere : En quoy il repugne à pluſieurs, qui ne ſont pas ſi rigoureux que luy, & il vous dement auſſi, ſieur Arnaud, quand vous luy impo-

P. Bauny.

sez qu'il pretend que ce n'est pas vne irreuerence pour laquelle Dieu vueille, &
puisse damner vn homme. Que si apres,
il rapporte la sentence contraire, il ne
fait que son deuoir ; & si la rappor-
tant, il a dit que la multitude des
Docteurs qui la defendent, pourroient en pratique la rendre croyable ; il a dit la verité, & ce qu'on
iugeroit aussi bien que luy, quand il
n'en témoigneroit pas son sentiment;
puisque ces Autheurs, sont celebres &
en grand nombre, ceux que ie cite en
marge, suffisent ils, à vostre auis, Arnaud, pour rendre l'opinion probable?
oüy, sans doute, me direz vous ; puisque parmy ces Autheurs, il n'y en a
point de desuite.

Imposture euidente, iointe à l'ignorance.

S. Antonin, 2. p. t. 10. Angel iu-iurrament. 4 q 1. Na-uarr. euch. c. 12. n. 10. Sotus l. 8. de iust. & iur. q. 1. art. 7. Syluest. iuiuram.

IMPOSTVRES. *page 15.*

Contre le septiéme Commandement, Bauny excuse de l'obligation
de restituer, ceux qui par ignorance
de fait ou de droit, auroient pris le bien
d'autruy, encore que par apres on leur
fasse reconnoistre l'iniustice de leurs
acquisitions.

Bauny. Somme des pechez pag. 313. Edit. 5.

DESCOVVERTES.

Cette calomnie est aussi euidente,
que la precedente ; & à moins que

P. Bauny.

d'estre perdu de conscience, vn homme ne peut pas dire, *qu'on puisse retenir le bien d'autruy*; aussi le P. Bauny oblige par tout à le restituer, & n'a rien dit qui fauorise les iniustes possessions. Il enseigne seulement, au lieu que vous cottez, qu'on peut iustement retenir ce qu'on auroit acquis par vn contract qui auroit esté fait de bonne foy, & seroit neantmoins inualide en soy-mesme; & ce n'est qu'apres Millard, ch. 54. n. 3. Diana & quelques autres, qu'il defend cette opinion; en laquelle il a plusieurs Iesuites contraires, quand ce ne seroit que Lessius de iustit. l. 2. cap. 20. Valent. to. 3. d. Azor. p. 3. l. 5. Filliu. to. 2. tor. 34. & Comit. Vous voyez, Arnauld, comme ils n'ont pas tous conspiré à permettre tout aux Chrestiens: & si ie vous asseure qu'il s'en trouuera encore plus parmy eux, qui s'opposeront aux libertez de vostre *nouuel Euangile*.

IMPOSTVRES. *page 27.*

Ils permettent aux Valets & aux Seruantes, de seruir d'instruments aux desbauches de leurs Maistres & Maistresses; & Bauny soustient qu'vn Valet ou vne Seruante, peuuent por-

Sanch. in Sum. l. 3. c. 7. Ema. Sa. verb. pecc. n. 9. Az. t. 2. l. 12. c. vlt. Bann. Sum de pecc. c. der. edit. 1.

ter des Poulets, donner des assignatiõs, & entretenir tout le reste de ces mauuaises pratiques, pourueu qu'en cela ils ne regardent que leur commodité temporelle, *modo id fiat propter temporalem commoditatem.*

DESCOVVERTES.

P. Bauny.
Il n'y a Casuiste au monde, & n'y en eust iamais, qui permit aux Valets de *seruir d'instruments de desbauches* à leurs Maistres, comme faussement vous imposez aux Iesuites : & vous estes vn hardy menteur, d'oser auancer que le P. Bauny soustient qu'ils *peuuent porter des poulets, donner des assignations, & faire le reste que vous adioustez,* auec vne malice estrange. Les paroles & les sentiments du Pere Bauny, sur cette matiere, qui sont les mesmes de tous les Theologiens que vous citez, & que vous pourriez citer, vous ietteront vne horrible confusion sur le visage, sans qu'il soit besoin de les tirer d'ailleurs que du mesme endroit où vous nous renuoyez. *Les Valets,* dit le Pere : *qui consentent au peché de leurs Maistres, & s'y plaisent, pechent comme eux. Ceux qui les seruent en choses de soy indifferentes, que lesdits Maistres rendent*

Seruir en choses indifferentes, n'est pas seruir d'instruments de desbauches.

mauuaises par le mauuais vsage qu'ils en font, sont excusables, & exempts de crime. De son opinion, sont Celestin, in comment. Theolog. de Beia, tom.1. c.27. Diana, tr.5. misc. resol.36. Maior. in 4. dist. 15. q.3. & plus de 20. autres. Pour la conclusion qu'adiouste Arnaud, *modo id fiat propter temporalem commoditatem* ; Il l'a forgée de sa teste, aussi bien en ce lieu, qu'en tous les autres où il l'a repeté. Si c'est cet interest qui le porte à vne si grande meschanceté, il verra vn iour qu'elle excuse il en tirera.

IMPOSTVRES. *page 27.*

Que le Confesseur ne doit point persuader à son Penitent, de quitter vne profession, qu'il declare ne pouuoir exercer sans s'y perdre, & sans s'y damner. Bauny, ibid. quæst.14.

DESCOVVERTES.

Il y a deux calomnies en ces deux lignes, premierement en ce mot de *persuader*, dont le P. Bauny n'vse point, mais du mot de *commander*, *dicendum id ei imperandum non esse*; ce sont ses termes. Secondement en ces deux paroles, *sans s'y perdre*, & *sans se damner*, au lieu que le P. Bauny dit seulement, *neganti artem se suam exercere, posse iuste* P. Bauny.

& sine fraude. Il y a bien à dire, entre courir hazard de son salut, estre en danger de se damner en vne profession, & ne pouuoir l'exercer sans s'y perdre & sans s'y damner, si vous eussiez esté homme à vous payer de raison, vous eussiez agreé celle du P. Bauny, qui est tirée de Nauarr. au ch. 3. de son Manuel, & de Graffius, lib. 1. Decis. chap. 8. *Quia Ars qua pœnitens fatetur se male vti, ex se & natura sua non est mala & illicita nec censetur esse occasio proxima peccandi, quia nec est peccatum formaliter, nec talis natura vt feræ semper faciant peccare eos, qui in ea occupantur.* Mais quand il s'agist des Iesuites, vous n'escoutez que la passion.

IMPOSTVRES. *page* 38.

Le Pape ayant censuré les trois Liures de Bauny, il a eu la hardiesse de dire dans vn petit Liure qu'il a fait, pour éuiter la Censure de la Faculté de Paris, *Que la Censure de Rome n'auoit rien de commun auec celle de France.*

DESCOVVERTES.

P. Bauny,

I'ay deuant moy tous les Liures qu'a fait le P. Bauny, pour empescher la cher la Censure, que Hallier vostre bon amy taschoit tant qu'il pouuoit de luy procurer aussi bien a Paris, qu'il a fait a Rome, & il n'y a pas vn seul mot de ce que vous luy imposez, non pas mesme aucune mention de la Censure de Rome, & cependant vous auez l'effronterie, comme si c'estoient ses propres paroles que celles que vous luy prestez, de les mettre en autre lettre, afin de gagner tousiours par cette impudence nompareille, quelque creance sur ceux qui ne se voudront pas donner la peine de chercher les liures que vous prenez à temoin. Puisque vous parlez si volontiers de la Censure des liures du Pere Bauny, faite à Rome, que n'adioustez vous à la requeste & aux poursuites d'Hallier, le plus grand ennemy que les Iesuites ayent dedans la Sorbonne ? peut-estre ne sçauez-vous pas les instructions qu'il donnoit au Nonce de ce temps là demandez luy de grace, s'il ne reconoist pas ces paroles pour siennes, & s'il ne les a pas donnees par escrit, Poursuiuant la Censure des Liures du P. Bauny. *Multa alo habet censuradi*

_{Voyez Lecteur les Liures du P. Bauny.}

C

gna, ea verò sufficiunt vt constet non posse prodire in lucem librum ullum qui Papæ authoritatem & Ecclesiæ immunitatem atrocius lædat quique ministris Regis maiorem securitatem audendi in clerum & Papae authoritatem violendi tribuat nimirum ex eorum familia prodit qui nullum iam aliud votum habent quam satrapis placere. Qu'en-dires vous, Arnauld, n'y a-t'il pas du rapport en vos pensées ? Et ceux qui disent qu'il vous a fourny ces beaux memoires contre le Pere Bauny, comme il sera tantost contre le P. Cellot, se sont-ils trompez ? or peut-estre n'est-il pas vostre amy iusques-là, que de vous auoir communiqué ce que ie vous apprendray, sçauoir est, qu'encores que les Iesuites ne se soient mis en peine de moyenner la Censure de son Liure des *Vindices*, à raison que desia la voix Publique, les Conciles, & l'Euangile, le condamnoit assez, il n'a pas laissé d'estre condamné & censuré solemnellement par N.S.P. le Pape, & si vous ne m'en croyez, voyez la Preface de l'Abbé Constantin, *pro libris sancti Petri Damiani*, vous y trouuerez ces paroles. *Francisci Hal-*

Sentiment memorable d'Hallier touchant les Iesuites.

Hallier censuré à Rome.

lier *Doctoris Sorbonici libri Romæ Sancti Officij iudicio damnati sunt.* J'espere tantost vous faire voir l'equité de cette sentence : ce pendant vous remarquerez en passant, l'extreme effronterie de Hallier, d'auoir osé mentir au Pape, imposant faussement au P. Bauny tout le contraire de la doctrine de ses liures: car il est veritable, qu'il donne plus de franchises & d'immunitez aux Clercs, que personne; & que tant s'en faut qu'il les assuietisse par trop aux Officiers du Roy, & aux Puissances seculieres, qu'il enseigne expressement en ce mesme liure, dont Hallier a poursuiuy la Censure, Traitté 11. q. 26. pag. 601. *Clericos Principum authoritati quoad vim coactiuam non esse subiectos.* Secondement, il maintient au mesme lieu, *Clericos ad prophana iudicum tribunalia citari non posse.* En troisiesme lieu, pag. 602. il asseure, *puniri Clericos excommunicatione ferendæ sententiæ si relicto suo Episcopo secularem iudicem appellent.* Quatriesmement en la question 23. pag. 623. il dit, *Clericos sic immunes esse à vectigalibus, vt ne quidem principi ea exigenti pendi debeant sine consensu Papæ.* page 626.

C ij

dub 5. *Laïcum cognoscere non posse de vinculo matrimonij*, ce qu'il repete encore en la page 627. que s'il a dit que le contraire se pratiquoit en France, ce n'est pas que pour cela il l'ait approuué, mais il a seulement raconté ce qui s'y faisoit, & en a rapporté la pratique: tesmoin ce qu'il dit sur la fin de la quest. 31. *de Clericis non licere nisi coactis, in foro saeculari versari*, Ce qu'il repete encore en sa Pratique, page 348. par ces mots; *en cas de violence, d'iniustice, ou d'oppression les Ecclesiastiques en France ont recours aux Magistrats seculiers: car en ce cas l'axiome commun vaut que la necessité rend licite, ce que la loy ne peut souffrir*, &c. Ce qu'il dit apres Layman, Suares, & Azor, dont ce dernier a escrit & imprimé tout le mesme à Rome, par l'Approbation de l'Inquisition, voicy ces propres paroles tom. 1. l. 5. chap. 14. q. 2. *In eiusmodi raro & speciali casu locum habet ius necessariae defensionis secundum quam fieri potest quod recta ratio praescribit.* Ne faut-il pas que les artifices & les malices d'Hallier ayent esté bien noires, pour l'auoir emporté sur des veritez si esclatantes ? & osera-t'il jamais leuer la teste apres des conuixions si euidentes de ses impostures contre le Pere Bauny, Au moins ne luy conseilles-ie pas de retourner à Rome, de crainte que pour reparation du tort qu'il a fait à la saincte Inquisition, & de son impudence à mentir au Sainct Pere, on ne l'enuoyast loger au chasteau Sainct Ange.

IMPOSTVRES. *pag. 24.*

Quoy qu'ils ayent presque reduit tout le Sacrement de Penitence à la seule Confession, & qu'ils ne demandent presque autre chose aux Penitens, qu'vne fidelle declaration de leurs crimes, ils n'ont pas laissé neantmoins d'auancer des maximes qui en ruinent l'integrité, comme lors que Bauny dit, *Qu'on peut absoudre celuy qui par ignorance & de bonne foy, ne se seroit confessé de ses fautes qu'en gros, sans en determiner aucune en particulier, sans qu'il soit besoin de tirer de sa bouche la repetitiõ d'icelles fautes, si l'on ne le pouuoit commodément faire à cause qu'on est pressé de Penitens qui n'en donnent le loisir.* _{Bauny Somme des pechz p. 991. ed. 5. P. Bauny}

DESCOVVERTES.

Il paroist que vous estes troublé de

38

passion, d'attribuer aux Iesuites vne opinion assez particulier au P. Bauny, tous les autres, à la reserue, de fort peu, estant d'vn contraire sentiment. Vous estes encore grandement ignorant, ou bien malicieux, de dire. *Que cette opinion tend au renuersement de l'integrité du Sacrement de Penitence*: Le P. Bauny vous apprendra, quand vous serez plus docile, que l'integrité materielle, n'est pas tousiours requise, & que la forme le suffit. C'est bien vous, qui voulez reduire la Confession sacramentelle à neant, pour mettre en sa place la canonique, & vous l'auez tantost reduite à la moindre de ses parties, ie veux dire à la satisfaction qui ne luy est pas essentielle. Tesmoin ce que vous enseignez au Liure de la frequente Communion *que la puissance de lier & de deslier donnée aux Prestres, a pour fin principale & prochaine, la remission de la peine*. Mais si là, vostre doctrine sent l'heretique, icy vostre procedé leur est semblable, mutilant & ne raportant qu'à demy les paroles du P. Bauny, au bout desquelles vous deuiez adiouster ce que vous y auez trouué, *L'on pourra donc differer à quelque autre iour, à l'aduer-*

Malice de Arnauld.

pag. 498. & 499. de la frequente Comunion.

tir de son deuoir. Apres tout, si la sentence vous desplaist, que ne vous en prenez vous aussi bien à Celestin, qui n'est pas Iesuite, que vous faites au Pere Bauny ? puisqu'il l'auoit imprimé deuant luy, *indubitatum est etiam Confessionem posse dimidiari, quando plures sunt absoluendi, & fieri non potest vt omnes integre confiteantur*: Mais deuant que de quitter icy le P. Bauny, le sieur Arnauld sera prié de croire, que ses calomnies & ses mesdisances, ne l'emporteront iamais sur le merite, & la science de ce Pere, qui a blanchy dans la Profession de la Theologie morale, auec vne reputation, qui n'en a guere d'esgale en France.

IMPOSTVRES. *pag. 26.*

Qu'on doit mesme absoudre ceux qui ignorent les Mysteres de la Trinité & de l'Incarnation, par vne negligence criminelle. Sanchez, Summ. l. 2. c. 5. n. 21.

DESCOVVERTES.

Il paroist assez, que ce n'a esté que pour gagner temps, & mettre vn peu à couuert vostre Liure de la frequente Communion, de ceux des Iesuites, dont vous vous sentiez menassé, que vous auez publié ces impostures, des- Sanchez

C iiij

quelles il est aisé de vous conuaincre. Il y en a deux en ce peu de lignes contre Sanchez. La premiere, que sa doctrine soit generale comme vous la faites, & pour toute sorte de personnes. Car il ne parle que des hommes grossiers, & des pauures qui faute d'esprit ou d'instruction, ne peuuent apprendre ces Mysteres. Ce qui est manifeste, tant par les sentences de diuers Autheurs, qu'il allegue deuant la sienne, que par raison qu'il rend de son opinion, immediatement apres l'auoir auancée. *In praxi existimo numquam aut rarissime denegandam absolutionem ob doctrinæ Christianæ defectum; quia rustici ignorantes non habent commode Doctorem, & confessor potest illos instruere, nec ipsi maiorem ad discendum capacitatem habent.* Paroles qui decouurent encore euidemment vostre seconde imposture *d'ignorance criminelle* n'est-ce pas là ne vouloir plus estre crû, que d'imposer de la façon ? Pour le P. Bauny que vous ioignez en cause à Sanchez, quoy qu'il auoüe auec plusieurs Autheurs qu'vne personne mariée d'auoir negligé son instruction sur ces Mysteres, & qui tesmoigne

Deux impostures en deux lign.

vn ferme propos d'y vaquer au pluftoſt, puiſſe en ce cas receuoir l'abſolution il ne paſſera pas ayſément ce mot d'*ignorance criminelle*, qu'il vous laiſſe volontiers, auſſi bien que vos noires impoſtures.

IMPOSTVRES.   *pag. 31.*   Dans ſon liure du Mariag:

C'eſt vne choſe horrible, de quelle maniere honteuſe Sanchez a violé la ſainteté de ce Sacrement, par des queſtions infames & diaboliques, capables de faire rougir l'impudence meſme.

DESCOVVERTES,

C'eſt de Petrus Aurelius que vous Sanchez. auez apris à outrager ainſi l'vn des ſainéts perſonnages de ſon temps. Le Pape Clement VIII. n'auoit pas ce ſentiment, ny de ſa perſonne, ny de ſes eſcrits, ainſi que vous pouuez voir au commencement de ſes Oeuures : ny ceux là non plus qui ſe meſlent de *bien confeſſer, & ſelon la façon receüe de tout temps en l'Egliſe.* Pour deux ou trois chapitres, qui concernent quelques matieres honteuſes, & que toutesfois les Confeſſeurs, de neceſſité doiuent ſçauoir, il y a mille & mille queſtions du mariage, les plus belles & les plus illuſtres, qui ſe puiſſent traitter en l'Eschole, lesquelles vous deuiez plustost admirer auec tous les Doctes, que non pas pour contenter vostre passion, aller fouiller dans les cloaques, & y envoyer en suitte les simples & les meschans, au lieu que ceux là seulement s'en doiuent approcher, que le salut, & la necessité de leur prochain oblige de le faire. Margarinus de la Bigne, qui estoit bien vn autre homme que vous ne serez iamais, n'a pas traitté de la façon Robert de Sorbonne, accusé iadis par des malueillans, comme vous, d'auoir esté trop auant en ces matieres, voyez comme il le defend, & prenez ses paroles pour ma response à vostre accusation. *Videri potest Paulo plus æquo minutim persequatus luxuriae species & appendices: at nec puduit Paulum huiusmodi plura dicere, ait ter maximus Chrysostomus, & medicus medicas manus altius immergit vulneri quod curaturus est: Nec de hoc argumento habenda oratione sed ipsi factis est erubescendum.* Si ie vous produis l'exemple de M. Filsac en ses Selectes, que direz-vous? luy, qui sans y estre obligé, pour le salut des ames, à parlé si ouuertement là deſſus. De vous alleguer encore les Caſuiſtes, & nouueaux & anciens, ſur ce ſuiet; ce ſeroit temps perdu, vous ne les conoiſſez que trop, & Hallier vous ſuggereroit qu'il les faut tous bruler. Ie ne vous diray point auſſi, pour refuter voſtre accuſation, ce que le P. Cellot dit à Aurelius, en cette meſme occaſion, que vous n'auez pas leû le liure du Mariage dont vous parlez ſi indignement; car on ſçait aſſez combien de fois auec l'Abbé de S. Syran, vous en auez entretenu les Religieuſes du Port-Royal, traduiſant à cét effet en noſtre langue, les endroits les plus eſloignez de la pudeur, & les moins ſortables à la condition de ces ames innocentes, à deſſein de leur donner horreur de la conduite des Ieſuites, & les engager de plus en plus à la voſtre. Infame & dangereux artifice, qui ioint à la liberté de voſtre *nouuel Euangile* qui permet tout à *l'eſprit interieur*, aura poſſible eſté ſuiuy de bien d'autres affects.

IMPOSTVRES. pag. 4.
Suarez enſeigne qu'vn homme eſtant en peché mortel, peut faire cét Acte poſitif & formel ſans aucun peché; Suarezio. 4. diſp. 15. ſect. n. 17.

mesme veniel : *ie ne veux pas maintenant me conuertir à Dieu.*

DESCOVVERTES.

Ce que vous reprenez en Suarez, tient de l'imposture & de l'ignorance tout en semble; ie ne les separeray pas puisque vous les auez conioinctes. Il tient de l'imposture, à raison que cet Autheur, enseigne seulement apres Medina & Castro, qui ne sont point Iesuites : qu'vn homme estant en peché mortel, qu'on appelle habituel, peut directement faire cet acte, ie ne veux pas maintenant *pro nunc*, exercer vn acte de Contrition, pourueu que d'ailleurs il ne soit point obligé de l'exercer, & Suarez s'obiectant en suitte, que de là s'ensuiuroit que cet hóme feroit donc virtuellement cét autre acte, ie veux maintenant demeurer en estat de peché, & dans la hayne de Dieu, il nie la consequence, *parce que*, dit il, *esse in statu peccati non sequitur perse & necessario ex velitione non eliciendi actum contritionis sed tantum per accidens.* Que vous en semble, Arnauld, cét acte est-il bien different du vostre. Il tient aussi de l'ignorance, puisque c'est vne opinion probable dans l'Es-

P. Bauny

Imposture sciointes à l'ignorance.

chole, que sans nouueau peché, l'on peut produire cét acte: lors qu'il n'y a point d'obligation contraire *ie veux maintenant demeurer en mon peché habituel*; acte qui peut estre le mesme que celuy d'Arnauld, ie ne veux pas maintenant me conuertir à Dieu, quand sera ce donc Arnauld, que vous vous conuertirez?

IMPOSTVRES. *pag.* 24.

Tout le monde sçait auec quelle opiniatreté Suarez a soustenu son opinion, de la validité de la Confession par lettres, & comme il l'a maintenuë mesme apres la determinatiõ de Clement VIII.

DESCOVVERTES.

Vous estes iniurieux à la memoire P. Suarez de ce grand personnage, de le calomnier en sa vie, comme vous venez de faire en sa doctrine: Si M. Isamber viuoit ie vous renuoyerois à luy, pour estre mieux instruit de la haute probité, aussi bien que de la science du Pere Suarez. La vertu & l'humilité qu'il fit paroistre à la veuë de toute l'Italie, & de toute l'Espagne, lors qu'il s'agist d'informer le Pape de sa sentence, touchant la validité de la Confession par lettres, edifia si fort le Pape, & remplit tout le monde d'vne si grande admiration, que la reputation de sa Sainteté commença deslors à esgaler celle de sa doctrine. Mais parce que vous ne croyez pas volontiers le bien qu'on dit des Iesuites, escoutez-le parler luy mesme, & voyez sa grande modestie, en son 4. Tome d. 19. s. 3. où commençant à traitter cette question, il dit ainsi, *hæc quæstio hactenus disputata est inter doctores vt dubia, & opinabilis, nunc autem Apostolica sedes aliquid denuo circa illam declarauit, & ideo breuiter ac sincere referam quæ iam scripseram priusquam Decretum Apostolicum editum, & ad me perlatum fuisset.* Pouuoit-on rendre plus d'obeyssance au S. Siege, parler auec plus d'humilité & se monstrer moins opiniastre à maintenir vne sentence, qui iusques à lors auoit passé pour tres-probable dans l'Eglise? Il est vray qu'il donna l'explication du Decret du Pape, apres l'auoir veu, mais ce fut auec tant de respect, & en vn sens si raisonnable, & si propre pour sauuer la pratique de toute l'Eglise, & les ordonnances des Papes qui auoient precedé, que Clement VIII. qui l'auoit fait venir pour l'entendre là dessus, & iuger de son interpretation, en demeura fort satisfait. Ie crains bien que quand le Pape commandera au Sieur Arnauld de reuoquer les opinions temeraires & heretiques, qu'il a auancé dans le Liure de la frequente Communion. Nous ne voyons rien de semblable, à ce que fit Suarez, en vne sentence receuë, iusques à son temps, dans toutes les Vniuersitez Catholiques, & enseignée, nommément par sainct Antonin, & tant d'autres, celle d'Arnauld ne prenant sa source de plus haut, que de l'abbé de Sainct Syran.

IMPOSTVRES pag. 2.

Garasses, dont leur Bibliotheque (composée par vn de leur Compagnie, auec Approbation de leur General, & de plusieurs autres de leurs Theologiens,) parle auec de grands Eloges, veut faire croire que la vanité & la bonne opinion de soy mesme, qui est la peste la plus dangereuse des mœurs, est vne recompense que Dieu donne à ceux qui ne meritent pas l'estime & les loüanges des hommes. *C'est vn effet*, dit il, *de iustice*

Garass. SS Theol. 2. p. 4. 19.

commutatiue, que tout trauail honneste soit recompensé, ou de loüange, ou de satisfaction. Quand les bons Esprits font vn ouurage excellent, ils sont iustement recompensez par les applaudissements & par les loüanges communes, &c. Quād vn pauure Esprit trauaille beaucoup pour ne rien faire qui vaille, il n'est pas iuste ny raisonnable qu'il attende des louanges publiques : car elle ne luy sont deuës. Mais afin que ses trauaux ne demeurent pas sans recompense, Dieu luy donne vne satisfaction personnelle : laquelle personne ne luy peut enuier sans vne iniustice plus que barbare. Ce qu'il explique par vne comparaison ridicule. *Tout ainsi que Dieu qui est iuste, donne de la satisfaction aux grenoïlles de leur chant.*

DESCOVVERTES.

P. Garasse

Vous taschez de faire passer pour la decission d'vn Casuiste, vn discours purement moral du Pere Garasse, dans lequel, il fait abstraction des maximes Chrestiennes, pour s'accommoder aussi bien aux libertains & aux heretiques, qu'aux Chrestiens. Car ayant dessein de mōstrer que c'est vne chose assez ordinaire, que les moindres Esprits rencontrent de la satisfaction dans leurs Ouurages,

quelque

quelque imparfaits qu'ils puissent estre, & qu'au contraire les grands Esprits ne se contentét quasi iamais en ce qu'ils font pour excellent que les autres le iugent, il dit ce que vous rapportez; en quoy, ie ne voy pas que vous ayez raison de rien reprendre, non pas mesme, quand il parleroit en Casuiste. Car c'est vous monstrer bien ignorant ou grand imposteur aupres des ignorants, qui liront vostre Censure, de prendre pour le mesme la *satisfaction personnelle*, dōt parle le P. Garasse, laquelle de soy est vne chose indifferente, & peut estre rapportée à quelque bonne fin, & la vanité qui est tousiours peché, & vous calomniez en suitte mal à propos ce Pere, disant *qu'il veut faire croire que la vanité est vne recompense que Dieu donne à ceux qui ne meritent pas l'estime*. Et de grace, dites moy, est-ce vanité quand vn Ouurier dit qu'il est satisfait de son ouurage ? La comparaison des grenouilles dont vous vous mocquez, condāne vostre ignorance, & vostre calomnie, & de plus vous aduertir que les iustes remords de vostre conscience, n'ont garde de souffrir, que vous tiriez iamais tant de satisfaction de vos mé-

D

difances, & de vos calomnies, que ces animaux innocents in tirent de leur chant.

IMPOSTVRES. *page 9.*

Garaffe,
Som. Theol.
l. p. 375.

Garaffe a ruiné l'obligation que les Maiſtres ont d'inſtruire leurs ſeruiteurs dans la crainte de Dieu, à peine de reſpondre de leurs pechez, s'ils arriuent par leur negligence, & par defaut d'inſtruction. Car il enſeigne, *Que iamais la faute du valet ne fut iuſtement imputee au Maiſtre; & qu'il n'eſt pas d'vn ſeruiteur comme d'vn fils de famille, ou d'vn diſciple. Parce que les fautes des Enfans ſont auec quelque iuſtice reiettees ſur les eſpaules de leurs parens, & les Precepteurs ſont auec quelque apparence reſponſables des fautes que commeitent leurs Diſciples, pour le moins quand ce ſont Pedagogues domeſtiques, d'autant qu'il y a ie ne ſçay quelle obligation mutuelle entre Pere & fils, Precepteur & diſciple, pour le fait de l'education. Mais entre valet & Maiſtre, il n'y en peut auoir autre que de iuſtice: tant ſeruy tant payé, au partir de là nulle relation mutuelle.*

DESCOVVERTES.

P. Garaſſe.

Le Pere agiſſant en ce lieu contre des Athées, qui ſe ſeruent de ce raisonnement pour nier la Diuinité, qu'il y a de mauuais Prestres, & que tel qu'est le valet, tel est le Maistre, les valets ne valent rien, dont le maistre aussi, respond fort à propos, *Pour voir la foiblesse de cet argument, ie presuppose vne verité tirée des Oeconomiques d'Aristote, que iamais la faute de valet ne fut iustement imputée aux Maistres, & qu'il n'est pas d'vn seruiteur*, &c. Est-ce donc là ruiner l'obligation, que les Maistres Chrestiens ont d'instruire leurs seruiteurs dans la crainte de Dieu, de produire l'autorité d'Aristote, qui estoit Payen, touchant vne obligation purement ciuile, dont il s'agist en cet endroit? O que i'estime la vertu des Iesuites, de reduire leurs ennemis qui les veulent reprendre, à cette extremité!

<small>Arnauld sçait mauuaisgré à Aristote, de n'auoir connu l'obligation qu'ont les Maistres d'instruire leurs valets en la foy.</small>

IMPOSTVRES. *page* 10.

Ils iugent des iniures qu'on fait au prochain, selon les regles de la vanité du monde, & non point selon les regles de l'Euangile : Le mesme Garasse disant, *Que lors qu'vn Gentilhomme donne vn soufflet à vn villageois, c'est vn peché de cholere, qui n'entre pas en consideration. De villageois à villageois,*

<small>Garasse, Som. Theol. l. 2. p. 194.</small>

D ii

c'est vne offense ridicule dont on ne fait point d'estat. Mais si vn Villageois, ou vn homme de neant, auoit la hardiesse de donner vn soufflet à vn Gentilhomme, l'offense ne se peut reparer que par la mort du criminel.

DESCOVVERTES.

Cette imposture est de mesme nature que la precedente, vous auez separé, comme font les heretiques, ce qui doit estre necessairement coioint pour l'intelligence du sens. Le P. Garasse voulant prouuer en cet endroit, que le peché veniel merite les plus grands suplices que la iustice humaine fasse souffrir aux criminels, parle en cette sorte: *Pour entendre cette verité, ie me sers d'vne maxime d'Aristote, au premier de ses Morales, que la plus part des offenses sont relatiues, non pas absoluës, c'est à dire que la legereté ou grandeur d'vne offense ne se mesure pas à la grandeur ou à la legereté de la matiere, mais principalemēt elle se prēd de la distance des personnes qui offensēt, & qui sōt offensées. Quād vn Gentilhōme,* &c. En conscience, s'agist-il là dedans, de la veritable regle des iniures du Prochain, selon l'Euangile? n'est-ce pas de celle là qui se prend des loix ciuiles ? Et Aristote a t'il deu parler de ce qu'il n'a pû connoistre, ou le Pere Garasse luy imposer, comme vous, ce qu'il n'a iamais dit? Mais quand il seroit question de cela ; n'est il pas veritable qu'on fait plus de tort à vn Gentilhomme de luy donner vn soufflet, que non pas à vn paysan? & que par consequent selon les loix mesme du Christianisme, c'est vn plus grand peché. Ah! que vous auez perdu à la mort de ce braue Pere ! *Garasse, Garasse vtinam viueres!*

IMPOSTVRES. *pag.* 7. *Ant. Sirmond en son liure de la Defense de la Vertu, traité.* 3 *p.* 10.

Ils ne peuuent souffrir qu'on enseigne aux Chrestiens, auec sainct Paul & les Peres, l'obligation qu'ils ont de rapporter toutes leurs actions à Dieu. Et ont mesme osé dire, que Iesus-Christ eust pû faire des actions de Vertu, sans les rapporter à la gloire de son Pere.

P. Antoine Syrmond.

DESCOVVERTES,

Côme il ne faudroit pas estre Chrestiē, pour nier l'obligatiō de rapporter à Dieu toutes ses actions, ou positiuemēt, ou negatiuemēt, côme on parle en l'Eschole: aussi ne seroit ce pas entendre la Theologie, de vouloir repré-

D iij

dre ceux qui ne reconnoissent point d'obligation de les luy rapporter toutes par vn acte de Charité. Choisissez lequel des deux vous voulez icy reprendre aux Iesuites. Le premier passera pour incroyable auprés de tous ceux qui auront seulement entendu leur nom, & il n'y a que les Athees qui le puissent penser, si vous leur reprochez le second, vous vous accuserez vous-mesme d'vne extréme ignorance, n'y ayant iamais eu ny Theologien, ny Pere, ny sainct Paul, qui ait reconnu aucune obligation, au moins de Preceptes, de les offrir à Dieu, toutes par le motif de Charité. Que si vous abusez du mot d'*obligation*, & le prenez seulement pour vn conseil, les Iesuites enseignant, escriuant, & preschant par tout, qu'il faut vser, *Ad maiorem Dei gloriam*, comme vous mesme vous dites en l'auertissement fait contre eux, & inuitant tant qu'ils peuuent les hommes à l'obseruance des conseils, se trouueront tout à fait innocents de cette accusation. Quand à l'exemple que vous produisez du P. Anthoine Sirmond, vous ne l'entendez pas, & vous le proposez de mauuaise foy : Le Lecteur en iugera, voicy les propres paroles du Pere. *Il est certain que Iesus-Christ ne fut iamais vn moment sur la terre sans amour actuel enuers son Pere, & nous ne sçaurions douter que tous les autres actes de vertu qu'il y exerça, n'ayant esté commandez de celuy-là pour sa plus grande perfection. Mais quand il en eut exercé quelque autre par le simple motif d'vne vertu particuliere, sans relation aucune à la charité actuelle; qui auroit la hardiesse de dire, que la saincteté increée de sa diuinité, ou de son vnion hypostatique, n'eut pas suffi pour luy faire meriter nostre redemption, par cet acte que la charité n'auroit, ny produit, ny commandé?* Lecteur, où est le mot sans les rapporter à la gloire de son Pere? n'est ce pas vne maligne supposition à Arnaud?

IMPOSTVRES. *page* 7.

Ils diminuent autant qu'ils peuuent l'obligation de ce grand Commandement, comme l'appelle Iesus Christ, & ils ont passé iusques à ce poinct d'impieté, de soustenir ouuertement, Que l'Acte interieur d'Amour de Dieu n'estoit que conseillé, & non point commandé.

Idem 2. traitt. p. 9 & p. 21.

D iiij

DESCOVVERTES.

Cette accusation ne regarde que le Pere Antoine Sirmond qui est cité tout seul en marge, & il eust encore mieux vallu pour l'honneur d'Arnauld, qu'il n'eust nommé personne en particulier: Car outre qu'en tous les endroits où il nous renuoye, il n'y a pas vn seul mot de ce qu'il rapporte. Tous ceux qui ont leu les liures de ce Pere, rendront icy tesmoignage contre cette calomnie, & sçauront bien dire, que tant s'en faut qu'il ait diminué l'obligation du grand *Commandement* de charité: que l'ayant expliqué de l'Amour le plus parfait, qui est celuy qu'on tesmoigne par les œuures & qu'on appelle *effectif*, il en a estendu & releué l'obligation au delà de tous ceux qui ne l'ont entendu que d'vn amour d'affection. Et n'est-ce pas en effet comme le Docteur Angelique veut que nous prenions ce grand *Commandement*, qu'il asseure n'estre en rien different des dix autres qui sont compris au Decalogue? N'est-ce pas encore comme ce grand seruiteur de Dieu, le Chancelier Gerson l'a expliqué en son Opuscule Tripartité. *Primum præceptum est diliges Dominum*

Deum tuum ex toto corde tuo, & ex tota mente tua, & ex tota virtute tua. Hoc est non voles scienter rem quacumque amare plusquam Deum propter quod amorem perdas. Hoc autem præceptum conuenienter ab homine seruatur, & non aliter, si legem Dei & alia præcepta operibus impleat quisquis enim mortaliter peccat, præceptum hoc infringit quia voluntatē suam diuinæ voluntati oppositum præcipienti anteponit. Paroles que le Rituel de Paris, imprimé l'an 1581. l'an 1601. l'an 1615. & 1630. le Rituel de Toul imprimé l'an 1505. à Paris, le Rituel de Bourges imprimé l'an 1588. par authorité des Prelats du lieu, se sont approprié. Et de plus la doctrine de Gerson contenuë dans cet Opuscule, a esté receuë en huict Synodes de nostre France, sçauoir est au Synode de Meaux, l'an 1511. où il est fait mention du predecesseur de l'Euesque qui l'auoit desia receüe. Au Synode de Chartre l'an 1526. Au Synode de Sens l'an 1528. Au Synod. de Rhodes, l'an 1552. qui fait aussi mentiō du predecesseur de l'Euesq. pour auoir receu & approuué la mesme doctrine. Au Synode de Beauuais l'an 1554. Au Synode de Paris l'an 1557. Au Synode de Chaalons, l'an 1557. où il est dit, que la Faculté de Theologie de Reims l'auoit approuuée, & au Synode de Chartres, l'an 1575. où l'on parle aussi de l'Approbation qu'elle auoit receuë de la Faculté de Paris. Quel suiet dõc de taxer ce Pere *d'Impieté*, pour auoir expliqué en vn sens si Catholique, le Commandement d'aymer Dieu? de l'auoir entendu, comme tant de Synodes & de Prelats ont fait, & de l'auoir enseigné, comme tous les iours on l'enseigne aux Fideles, & aux Vniuersitez les plus Catholiques? Quelle raison d'estendre ensuitte cet outrage sur tous les Iesuites, qui en cela ne font que suiure la doctrine de l'Eglise, & ne parlent qu'apres les Prelats? I'adiouste qu'entre leurs Autheurs, à peine s'en trouuera t'il vn seul, lequel outre l'obligation de tesmoigner à Dieu son amour par œuures, n'en reconnoisse encor quelque autre de le faire en certaines rencontres, par vn acte d'amour. Ce n'est pas, Arnaud, satisfaire au Commandement d'Amour, que d'outrager le prochain: & c'est en estre bien esloigné, que d'attaquer sa vertu.

*Suarez t. 4.
Mar. 10.
Vasq. t. 3. &
les autres communement.*

IMPOSTVRES. *page 7.*

Que Dieu en nous commandant de l'aymer, *Ne nous obligeoit pas tant de l'aymer, que de ne le point hayr.* Ce qu'il n'y a que les diables qui puisse faire, & ainsi à moins que d'auoir autant de malice qu'eux, on ne pourroit violer le Commandement d'aymer Dieu.

Ibid. p. 18. & 19.

DESCOVVERTES.

Si vous citez icy plus fidelement le Pere Antoine Sirmond, c'est pour estre conuaincu plus aysément de l'auoir falsifié; Escoutez ses paroles, *Il est donc dit que nous aymerons Dieu, mais effectiuement, opere & veritate, faisant sa volonté, comme si nous l'aymions effectiuement, comme si son amour sacré bruloit nos cœurs, comme si le motif de charité nous y portoit, si il le fait reelement, encore mieux, s'il ne le fait; nous ne laissons pas pourtant d'obeyr en rigueur au Commandement d'Amour, en ayant les œuures, de façon que, voyez la Bonté de Dieu, il ne nous a pas tant commandé d'aymer, que de ne point hayr, soit formellement par hayne actuelle, ce qui seroit bien diabolique, soit materiellemēt par transgression de la Loy.* Ainsi le sieur Arnaud, pour acheuer d'imiter les heretiques, a pris l'obie-

P. Antoine Sirmond.

Texte rapporté à demy.

ction du diable, & a laissé la responce du Pere.

IMPOSTVRES. pag. 8.

Qu'on pouuoit estre sauué, sans auoir iamais aymé Dieu en sa vie, & qu'il suffisoit d'accomplir ces Preceptes, *sans intention ou affection pour luy.*

DESCOVVERTES.

Mais voicy la maistresse calomnie contre le mesme Pere, lequel ayant distingué deux sortes d'amours, l'vn effectif, & l'autre affectif, dont le premier, ce dit-il *oblige absolument & en rigueur, & l'autre par douceur*, il adiouste, *vous n'auez pas voulu, mon Dieu, nous obliger absolument à vous tesmoigner de l'affection qu'en vous rendant obeyssance.* Et en l'autre endroit de la secõde citation, *Que faut il dire du grand Precepte d'amour, qu'il nous est vn Commandement de douceur, au regard de l'amour affectif, de l'amour d'intention, & de motifs; vn Commandement de rigueur, quand à l'amour effectif, & d'execution.* Sont-ce là, dites-moy, les termes d'Arnauld, est-ce là le sens odieux qu'ils enferment? Mais possible n'entend-il non plus cette distinction d'amour que fait Hallier, qui confesse publique-

[marginalia:]
Obiection prise sans la reponce.

P. Anth. Symmond. p. 18. & 21.

ment deuant ſes Eſcholiers ſon ignorance là deſſus, auſſi bien qu'aux cas de conſcience, dont par depit il ſouhaite ſouuent que les liures ſoient bruſlez.

IMPOSTVRES. *pag.* 8.

Antoine Sirmond a enſeigné toutes ces Erreurs & impietez, qui vont au renuerſement de la Religion Chreſtienne, dans vn Liure approuué par quatre Theologiens de ſon ordre : Et quant on luy en a voulu repreſenter l'excez, par vn extraict qu'on a fait voir de ces mauuaiſes propoſitions, il les a ſouſtenuës auec vne telle inſolence, qu'il a oſé nommer cét extraict vn Libelle diffamatoire, & traitter d'impie celuy qui en eſtoit l'autheur.

DESCOVVERTES.

Nous n'auons iuſques à preſent, deſcouuert aucune Erreur, au P. Antoine Sirmond, mais beaucoup de mauuaiſe foy, de violence, & d'ignorance en vous, Monſieur le Docteur, de maintenir que la doctrine qu'il deffend, touchant l'amour de Dieu aille au renuerſement de l'Egliſe. C'eſt vne grande temerité en vn ieune homme, comme vous. Que les Vniuersitez s'assemblent pour en iuger, ie n'en excluds que vos semblables ? deferez-le vous-mesme à la Sorbone, & vous verrez que tous l'estimeront tres-probables, plusieurs veritables, & que pas vn ne la condamnera. Les quatre Theologiens ont donc bien fait de l'approuuer: & luy encore mieux d'appeller Libelle diffamatoire, celuy qui alloit au decry, non seulement de sa personne, mais d'vne bonne cause, & d'vne saine doctrine, authorisée de tout temps en l'Eglise de Dieu, & qu'il n'appartient qu'aux Impies de combattre.

IMPOSTVRES. *page 8.*

Dans vn petit liure qu'il a intitulé, Responseà vn Libelle diffamatoire.

Et dans ce Liure, il a eu la hardiesse d'attribuer sa mauuaise doctrine à feu Monsieur du Val, en cottant l'endroit & la page de son Liure, quoy que cette opinion y soit condamnée en termes formels en ce mesme endroit, d'Erreur & d'Impieté.

DESCOVVERTES.

P. Anth. Sytmond.

Ie vous suis à la piste; tant que vous attaquerez la memoire de ce Pere, qui vit encore dans celle des gens de bien: & ie remarque que vous pensez tirer aduantage de sa mort, comme si personne maintenant ne deuoit plus rechercher ce petit Liure, dont vous parlez en marge, pour vous conuaincre de mensonge. Or ie vous maintiens apres l'auoir leu, que ce qu'il attribuë là dedans de sa doctrine, à Monsieur du Val, se treuuera veritable, au mesme endroit qu'il a cité : Et pour vous monstrer que ie l'ay verifié, cherchez en son 2. tom. pag. 684. & vous verrez comme il y rapporte & y reçoit pour vne doctrine vsitée dans l'Eschole, la distinction de charité, en l'acte & en l'affection; d'vn amour effectif, & d'vn amour affectif; conformement à sainct Bernard, au Sermon 50. sur les Cantiques, & le Pere n'auoit cité ce celebre Docteur, que pour authoriser cette distinction, que Hallier n'auroit pas ignorée, s'il auoit estudié la Scholastique plus que la Pedanterie, & leu sainct Thomas, au lieu de s'amuser à bouquiner les Collections de Gratian. Arnaud, vous auez bien fait des fautes contre la charité, feignant de la defendre; vous l'auez blessée en toutes ses parties; Les morts mesmes aus-

Accusation mensongere.

si bien que les viuans, crient vengeance contre vous; & si vous ne leur satisfaites par vne penitence publique, gardez que les Ombres & les Furies ne se iettent sur vous.

IMPOSTVRES. pag. 12.

C'est vne chose horrible que ce qu'ils ont enseigné depuis peu d'années publiquement dans leurs Escholles contre le sixiesme Commandement de ne point tuer; sçauoir, qu'on peut tuer, pourueu que ce soit en cachette & sans scandale, ceux qui médisent de nous, si l'on ne peut autrement arrester la médisance, quand mesme la chose dont on nous accuseroit, seroit vraye pourueu qu'elle fust cachée. Et ils rapportent pour raison de cette abominable doctrine, vne maxime generale la plus pernicieuse, & la plus contraire à l'Euangile, qui se puisse imaginer, sçauoir, *Que le droit naturel que nous auons à nous defendre, s'estend generalement à tout ce qui est necessaire pour se preseruer de toute iniure.*

Le Pere Hereaut dans ses escrits, que l'on a, & dont on a dressé Procez verbal pardeuant vn Commissaire.

DESCOVVERTES.

Deux personnes de qualité, estonnées de cette accusation, ont voulu voir les escrits de ce Pere; & ont trouué

P. Hereaut.

ué qu'il en a pris au sieur Arnaud en cette occasion, comme en l'escrit qu'il refute auec tant de chaleur au liure de la Frequente Communion ; où pensant s'attaquer à vn Iesuite, à cause qu'il le voyoit reuestu de noir, son coup est tombé sur Molina le Chartreux, qui en effet est l'Autheur : car le Casuiste allegué n'a fait autre chose dans ses escrits, que de rapporter l'opinion de Bagnes, Religieux de sainct Dominique, qui dit qu'en certaines circonstances metaphysiques, lesquelles n'arriuent iamais, & ne peuuent moralement arriuer, toute voye de iustice manquant, & tout autre moyen de se deliurer d'vne extreme oppression en matiere d'honneur ; apres auoir auparauant deuëment aduerty son ennemy, de se deporter de cette violence, on pourroit recourir au droit d'vne naturelle deffense, sans que le Casuiste de Clermont ait rien adiousté du sien pour establir cette sentence de Bagnes. Il n'y a que cette difference entre l'vne & l'autre tromperie d'Arnaud, que la derniere est plus malicieuse que la premiere; celle-cy procedant de l'ignorance de la do-

Arnaud prēd Bagnes Dominicain pour vn Iesuite, cóme iadis il auoit fait vn Chartreux.

Vasquez Turrian, Fagundez, Filliuc. Coninc. Lessius Iesuites, sont de contraire aduis à Bagnes.

E

trine de Molina, & l'autre ne venant que de mauuaise volonté, veu l'expresse citation que fait le Casuiste de Clermont de la personne de Bagnes, en tout ce qu'il rapporte de sa doctrine. Que s'il a dit qu'il falloit aduertir cet homme, d'euiter au moins le scandale, personne ne luy peut sçauoir mauuais gré, d'auoir voulu empescher vn second mal, supposé que quelqu'vn fut desia resolu au premier. Pour le procez verbal, où il ne contient autre chose que ce que i'ay rapporté icy, où il est fait de mauuaise foy, aussi bien que l'autre, dont nous parlerons tantost.

Mais si le P. Haireau au lieu de citer vn estranger, eut cité quelque Sorboniste: par exemple, feu M. Duual, dont les escrits sōt approuuez de la Faculté, en son 2. to. p. 670. ou bien le Protecteur de Sorbonne dernier mort, en son Institutié du Chrestien, premiere impression; que deuiendroit toute cette accusation dont on fait tāt de bruit P. Rabardeau.

IMPOSTVRES. *page 37.*

Le Liure de Rabardeau vient de faire voir à tout le monde, de quelle sorte ils obseruent l'obeyssance Religieuse qu'ils ont vouée au Sainct Siege, aussi tost que quelque interest les porte à ne luy estre pas fauorables.

DESCOVVERTES.

Ie ne sçay pas quel commandement contraire auoit receu le Pere Rabardeau, quand on l'obligea de faire son liure: mais personne ne doute, que ne l'ayant composé, que par le seul motif d'obeyssance renduë à ceux, qui pour lors l'y pouuoient contraindre, il n'eut esté beaucoup plus prompt à la rendre au Pape, s'il eut receu de sa part quelque commandement contraire. Quant à l'interest dont vous parlez, on ne voit pas qu'vn Religieux, comme luy, ait autre interest à mesnager en ce monde, que la gloire & le seruice de Dieu, pour lequel il a tout quitté. Vous seriez plus croyable si vous parliez ainsi de Hallier, qui se vante d'auoir gaigné vne bonne pension à faire vn liure qui a esté censuré à Rome, & ne rougit point d'auoüer ingenuëment en la Preface *de Sacris Ordinationibus*, que sa plume est venale. Quand au Pere Rabardeau, s'il a parlé à l'auantage du Roy, il n'a iamais pretendu rauir au Sainct Siege ce qui luy est deu. Produisez, ie vous prie, vne proposition de son Liure, qui vous semble rabaisser la puissance spirituelle, en esleuant la temporelle, & signez-là de vostre main. C'est au reste mal prendre les Iesuites, que de les accuser de ne pas rendre au Pape l'obeyssance qu'ils luy ont vouée, & ie sçay bien qu'au fonds de voſtre cœur il n'y a rien qui vous deplaiſe tant que leur fidelité inuiolable à maintenir ſa primauté, à vous, diſ-je, qui voulez eſtablir vn ſchiſme.

IMPOSTVRES. *page 32.*

Rabardeau & Bauny, en ſa Pratique Canonique, veulent que le Iuge des cauſes du Mariage, *etiam quoad vinculum*, ſoit le Iuge Laïque.

DESCOVVERTES.

La doctrine du Pere Rabardeau & du Pere Bauny, n'eſt pas ſemblable en ce point, comme vous voulez faire croire, ny vniuerſelle comme vous la propoſez. Le Pere Bauny au liure que vous citez, page 352. & 353 à ces paroles, *depuis l'Ordonnance de l'an 1539. les Eueſques & les officians peuuent bien connoiſtre de la foy ou promeſſe de mariage pretendu celebré, ſi toutefois leur eſt-il defendu de punir par amende ceux qui en reſilient pour raiſon d'icelle, comme des intereſts ou dommages dont la Cour doit iuger,* & vn peu apres toutefois, où le Concile de Trente est receu, l'authorité des Euesques est grāde, car ils iugent en dernier ressort de la validité ou nullité du mariage, & au traitté 11. de *Canonicis & Clericis*, pag. 626. dub. 5. respondant à la question, si le Laïque peut connoistre sans crime des causes spirituelles, il a ces paroles, *cum de iure agitur an matrimonium ratum aut irritum sit sponsalia valida aut nulla, talium causarum discussio ad iudicem Ecclesiasticum pertinet.* Est-ce là dire, *que le iuge des causes du mariage, etiam quoad vinculum, soit le iuge Laïque* cōme vous luy faites à croire? Quand au Pere Rabardeau il ne dit pas que tousiours, ou d'ordinaire, comme vos paroles signifient, les iuges laïques puissent estre iuges des mariages, *etiam quoad vinculum,* au contraire, son titre mesme fait voir clairement que ce n'est qu'en certains cas, car il est conceu en ces termes, pag. 108. *leges ciuiles etiam matrimonia quandoque irrita declarant,* ce qu'il prouue par l'authorité de Iustinian, *tit. de nupt. parag. si aduersus, legē vltima cal. de incertis, lege 3. cod. Theodos. de in nupt. &c.* ce que vous auez dit cōtre le P. Bauny, est vne pure calōnie, &

contre le Pere Rabardeau vne malice meslée d'ignorance, à laquelle on dit que ce bon Pere, prepare le remede.

IMPOSTVRES. *page 37.*

Mais ce qu'... ont fait depuis la condemnation... liure du Pere Rabardeau, est vne preuue bien plus sensible de leur obeyssance enuers le Pape. Car ayant esté censuré par sa sainſteté, comme contenant plusieurs *propositions temeraires, scandaleuses, seditieuses, impies, qui destruisent entierement la puissance du Pape, qui sont contraires à l'immunité & à la liberté Ecclesiastique, qui approchent des Heresies des Religionnaires de ce temps, qui enferment des erreurs contre la Foy, & qui sont manifestement Heretiques;* ils se sont ouuertement mocquez de cette Censure, dans vne Response qu'ils ont publiée depuis peu contre l'Apologie de l'Vniuersité de Paris, & ont eu l'insolence de dire, que l'on auoit sollicité les *Puissances Estrangeres*, pour faire condamner ce liure, appellant le Pape, *Puissances Estrangeres*, dans vne matiere de Foy & de Doctrine.

Response à l'Apologie pour l'Vniuersité, p. 68.

DESCOVVERTES.

Le liure du Pere Rabardeau, dont vous parlez, grossira tantost le nombre de vos ignorances, maintenant nous sommes occupez apres vos impostures. Quand les Iesuites auroient voulu (ce qui est aussi faux qu'il est esloigné de leur profession) se mocquer de cette Censure ouuertement, comme vous dites; auroient-ils choisi la response à l'apologie de l'Vniuersité, dont l'Autheur est inconnu, qui n'a l'Approbation de personne, & que vous leur imputez sans autre fondement, qu'à cause qu'on y parle en leur faueur? mais en effet, est-ce là s'estre mocquez de la Censure, que d'en auoir dit vne chose constamment auerée, qu'on auoit sollicité les puissances estrangeres pour le faire condamner? à quoy l'on en pouuoit adiouster vne autre, dont Hallier ne me dedira non plus que de celle-là, puis que c'est luy qui a fait l'vne & l'autre, qu'on l'auoit publiée à Paris, deuant qu'on sceut qu'elle le fut à Rome.

Quand à ce mot de *puissances estrangeres*, quel suiet vous peut-il donner d'appeller les Iesuites insolens, & de vous en seruir pour les rendre odieux au Pape, duquel iamais ailleurs vous ne faites mention, non pas mesme quand vous traittez de la reforme de l'Eglise ? Sont-ils les Autheurs du Liure, d'où vous l'auez tiré, sont ils responsables des paroles que leurs amis employent pour leur deffence ? & apres tout, l'inquisition n'est-elle pas vne puissance estrangere au regard de la France ? & c'est elle qu'Hallier sollicitoit puissamment par ses artifices malicieux, & ses impostures ordinaires de censurer le liure du Pere Rabardeau, combattant à Rome la puissance du Roy sur ses subiets, au mesme temps qu'il ruine en France celle du Pape sur les Chrestiens ? Vous dites qu'il s'agit dedans de matiere de foy & de doctrine, qui regarde vniquement la puissance spirituelle: pour moy ie n'en sçay rien, & ie m'en rapporteray volontiers aux doctes : pour vous qui en sçauez tant là dessus, allez en dire vn peu vostre aduis à Monsieur le Chancellier, il escoute volontiers les bons Ecclesiastiques, & les bons François.

IMPOSTVRES. *page* 21.

Toute leur conduite ne va qu'à multiplier les Communions, sans se mettre en peine des dispositions que l'on y apporte; & le Pere Noüet a osé prescher, Que si les premiers Chrestiens qui estoient si vertueux, Communioient tous les iours, on le deuroit bien plustost faire auiourd'huy que la vertu est si languissante, poussant ainsi à Communier d'autant plus souuent, qu'on y est moins bien disposé.

Dans leur Eglise de S. Louys, le 16. Aoust.

DESCOVVERTES.

Toute la conduite d'Arnaud ne va qu'à oster l'vsage des Communions, & à ruiner le Sacrement de Penitence, malgré la pratique de l'Eglise, & les decisions du Concile de Trente : & voila l'vnique cause de la haine, & des calomnies, qu'il publie maintenant contre les Iesuites, lesquels se sont genereusement opposez à ses mauuais desseins. Mais il en veut surtout au Pere Noüet, à cause qu'il a le premier euenté ses mines, & découuert ses malices à la veuë de tout Paris. C'est pour cela qu'il luy fait dire icy ce que iamais il n'a pensé, comme tesmoignent hautement tous ses auditeurs. Il auroit cependant meilleure grace, de respondre aux veritables censures que ce Pere a fait en ses Sermons, du liure de la Frequente Communion; que non pas de s'amuser à luy susciter icy des calomnies : La memoire des hommes estant encore toute pleine, des impressions qu'il leur a donné de sa pernicieuse doctrine: s'il ne les efface, chantant au moins la Palinodie, & reuoquant ses erreurs, il est en danger de passer pour tel que ce Predicateur l'a fait passer, c'est à dire pour vn homme *aussi dangereux que Luther & Caluin.*

IMPOSTVRES. *page 4.*

La pernicieuse doctrine des Iesuites en cette matiere, & le desir quils ont d'attirer les Gens du monde par vne dangereuse complaisance, ayant porté le Pere Lambert (de leur compagnie) à prescher le Dimanche deuant la Toussaincts derniere, dans leur Eglise d'Orleans, *Que les femmes dans toutes leurs pompes & leurs agréements, ayant le sein modestement descouuert, pouuoient acquerir vne eminente sainteté.* Et ayant rapporté sur ce suiet ses paroles de sainct Pierre, *Sic enim aliquando mulieres sanctæ ornabant se subiectæ viris suis.* Pour authoriser la vanité des ornemens du corps, par vn passage qui la condamne expressément, & qui ne parle que des ornemens de l'ame. Monseigneur l'Euesque d'Orleans a esté obligé de le faire retracter en pleine chaire.

DESCOVVERTES.

P. Lambert.

Le souuerain desir des Iesuites, est d'attirer à Dieu tout le monde, sans mesme excepter leurs propres ennemis, par toute sorte de voyes iustes & raisonnables : & ils n'employent pas pour ce dessein, seulement la complaisance, mais par fois encore vn peu de seuerité ; sur tout, Arnaud, quand le mal deuient dangereux, & qu'il se rend public par sa contagion; comme le Pere Noüet vous a fait assez connoistre, il n'y a pas bien longtemps. Vous rapportez aussi mal l'affaire du Pere Lambert que firent ceux qui les premiers l'allerent racompter à Monsieur l'Euesque d'Orleans; aussi y estes vous poussé par le mesme esprit de medisance, & de calomnie que le furent ces gens là. A vous entendre là dessus, vous en sçauez plus que les Iesuites mesmes, en l'Eglise desquels la chose se passa; & ie vous puis asseurer apres en auoir encore interrogé d'autres qui se trouuerent à la predication, que le Pere Lambert ne parla pas des femmes en general, mais seulement des femmes mariées. Et quoy que le passage de l'Escriture, dont il vsa, & que vous rapportez, ne s'entend proprement que de l'ornement de la subiection & de l'obeyssance; vous imposez toutesfois au sainct Esprit, de dire qu'il condamne expressement en ce lieu les autres ornemens. Secondement le Pere n'vsa point de termes si grossiers, que vous faites sans rougir, & personne ne croira cela de luy, qui sçaura la grande retenuë des Iesuites en ces matieres. Finalement Monsieur l'Euesque d'Orleans ne l'obligea point à se desdire, mais desira seulement qu'il desabusast ceux, qui auoient pris occasion de scandale de ses paroles. Vos espions, comme vous voyez, vous ont aussi mal seruy en ce rencontre à Orleans, que ceux qui vous rappor-

Trois impostures.

terent icy les Sermons du Pere Noüet, lesquels n'osant vous dire les erreurs qu'il auoit repris en vostre liure, de peur de vous donner la peine de respondre, vous firent acroire qu'il s'en estoit pris à Messieurs les Euesques, & il paroist à vostre silence que vous le croyez encore.

IMPOSTVRES. *pag.* 38.

Les Liures de Posa Iesuite Espagnol, & premier Professeur du College Imperial de Madrid, ayant esté censurez par le Pape, pour estre remplis d'impertinences, d'erreurs, & de curiositez impies; ils ont tesmoigné vne opiniastreté estrange pour le defendre, & ont tasché de remuer pour cela toute l'Espagne.

DESCOVVERTES.

Vous estes bien mal informé de l'affaire du Pere Posa, dont le liure a passé malgré les efforts de tous les Iesuites, & la grande resistance de leur General : La seule Inquisition d'Espagne ayant appuyé cet Autheur Espagnol contre le Sainct Siege, & contre toutes les poursuites de ceux de la mesme Compagnie. Mais ie vous en apprends peut estre trop, garde qu'vn

P. Posa.

de ses matins, vous n'alliez rechercher cette protection pour vostre Liure de la frequente Communion. Toutefois, ne vous y fiez pas trop, on en a bruſlé de meilleurs à cette Inquiſition.

IMPOSTVRES. *page 38.*

On ne peut conceuoir vn plus grand meſpris de l'authorité du Sainct Siege, que d'auoir fait imprimer depuis peu de mois auec leurs Theſes contre Ianſenius, & afficher par tous les Carrefours de Paris, vne Bule, qui defend la lecture & l'impreſſion de ces Theſes, ſous peine d'Excommunication.

DESCOVVERTES.

Theſes de Louuain.

L'imprimeur, s'offre d'eſtre pris à ſerment deuant les Iuges, pour maintenir cette verité, que ce ne ſont point les Ieſuites qui ont fait imprimer à Paris les Theſes de Louuain: & afin que chacun s'en puiſſe eſclaircir, qu'on luy demande, il s'appelle Charles Chaſtellain, & demeure à la ruë ſainct Iacques, à l'enſeigne de la Conſtance. Ie ne ſçay ſi celuy qui a imprimé trois fois à Paris le Liure de Ianſenius, voudroit rendre vn ſemblable tesmoignage à la descharge d'Arnaud: au moins Vitray ne le pourroit faire sans pariure, du Libelle intitulé, *difficultez sur la Bulle du Pape*, dont ce Docteur est reconnu pour Autheur, ayant pretendu par cet escrit nous faire croire contre toute verité, que la censure de Rome est nulle; & de plus, que le Pape a deffendu de disputer ou de faire des Theses contre la doctrine de Iansenius: encore que manifestement il conste du contraire par la Bulle qui est en bonne forme, & que tout Catholique auoüera, que tant qu'il sera permis de combattre Caluin, il sera loisible & necessaire d'attaquer la doctrine de Iansenius. Pour la censure du liure de cet Euesque, il n'est rien de plus constant, que c'est Monseigneur le Cardinal Nonce, qui l'a fait publier dans Paris, afin qu'Arnaud & les autres partisans de sa mauuaise doctrine ne s'amusassent plus à cette *grande lumiere*, ainsi qu'on le qualifie au liure de la Frequente Communion, puis que desormais elle ne pourroit seruir qu'à les conduire au precipice. Mais voyez, Lecteur, côme malicieusement, il tasche de faire croire que ce sont les Theses de Louuain qui ont esté censurées, & non pas Iansenius, ne disant mot de la condemnation de celuy-cy, & exaggerant la difference qu'il y a d'imprimer ces Theses, quoy que cette deffense ne soit comprise que par adioint à la censure de Iansenius, lequel a esté condamné par le Sainct Siege, à cause qu'il contient *des propositions heretiques & desia condamnees en la personne de Baius & d'autre semblables*; Les Theses de Louuain estant seulement deffenduës, à raison qu'elles touchent les questions *de Auxiliis*, que le Pape ne desire pas qu'on remuë pour le present. On voit par là les beaux artifices, dont on se sert pour l'establissement du nouuel Euangile, qui ne sont autres que la malice & le mensonge.

IMPOSTVRES. *page 6.*
L'on sçait aussi, & on le prouuera, s'il est besoin par pieces authentiques, qu'ils exercent marchandise, & qu'ils ont fait des Contracts d'association, au nom de leur Compagnie, auec des Marchands de Dieppe.

DESCOVVERTES.
Ce point de Theologie a esté traitté

Trafic

té plus au long par l'Apologiste de l'Vniuersité, sans que ny l'vn ny l'autre l'ayent entendu, ny fait entendre comme il faut. La verité est que l'an 1611. quelques pauures marchands qui traffiquoient en la nouuelle France presserent le feu Pere Coton, qui estoit pour lors en Cour, de leur faire donner l'argent destiné pour l'establissement d'vne mission de Iesuistes en ce pays-là ; se chargeant, faute d'autre fons, d'en payer la rente sur le profit qui pourroit reuenir de ce trafic. Le Pere pressé de leurs importunitez & touché aussi de la necessité où ces marchands estoient reduits, leur fit accorder ce qu'ils demandoient ; & la chose passa pardeuant Notaire, mais tost apres fut rompue, aussi bien que la mission, qui du depuis a esté plus de 20. ans sans se restablir: & auiourd'huy ne subsiste que par les liberalitez & les aumosnes des gens de bien. Voila comme le sieur Arnauld, & ses semblables, font passer des actions de pure charité pour des actions d'interest, & de profit temporel ? mais à qui pourroient-ils persuader que ceux qui ont tout quitté pour aller annoncer l'Euangile à des Barbares au hazard de leurs vies, le fassent poussez d'autres interests que de ceux de l'autre vie?

IMPOSTVRES, *pag. 32.*

Ce grand nombre de Iesuistes, que tout le monde sçait auoir authorisé depuis peu les pretensions criminelles d'vn Prince, pour la dissolution de son mariage, fait voir le peu d'attétion qu'ils font du commandement de Iesus-Christ, de ne point rompre ce que Dieu a ioint.

DESCOVVERTES.

Mariage d'vn Prince.

Ce Prince que vous designez assez sans l'oser nommer, ne se plaignoit de rien tant pour lors, que du contraire de ce dont vous accusez maintenant les Iesuistes; & les viues & longues poursuites de leur General pour retirer d'aupres de luy son Confesseur qui seul de leur Compagnie se mesloit de son mariage, les mettent à couuert de vostre calomnie. Ie ne parle point de la Bulle d'excommunication, qu'à veuë toute la France, contre ce mariage, qui vous conuaint d'vne manifeste imposture; tout le monde qui l'a veuë, se souuenant fort bien, que le

Pape ne se plaignoit dedans que de celuy qui tenoit pour lors à ce Prince lieu de Confesseur. Mais vous en sçauez plus contre les Iesuistes, que n'en sçait ny leur General, ny les Princes qui s'en seruent, ny mesme nostre sainct Pere le Pape.

IMPOSTVRES. *pag.* 18.

Ne pouuant souffrir en Angleterre d'estre sousmis à l'Euesque de Chalcedoine, que le Pape y auoit enuoyé pour gouuerner cette Eglise ; en hayne de l'Episcopat il ont publié vne infinité de mauuaises maximes contre le Sacrement de Confirmation, qui ne peut estre conferé que par les Euesques.

DESCOVVERTES.

Il paroist que vous auez des correspondances & de bons amis en Angleterre, puisque vous estes si bien auerty de ce que font les Iesuistes de ce pays-là, quoy qu'ils ny parroissent que trauestis, & que ceux de France ignorent encore ce que vous leur apprenez icy de leurs liures Anglois. Dites donc à Messieurs les Euesques les nouuelles que vous en auez, car ils ne les sçauent pas, & ils se sont tout nou-

Liures d'Angleterre.

F ij

ueillement contentez du de saueu que les Iesuites de France ont fait de leurs liures, aussi bié que de leurs personnes, & de l'asseurance qu'ils leurs ont dōné, qu'ils ignoroient, s'ils estoient de leur Compagnie. Pour preuue des mauuaises maximes de ces Anglois, vous alleguez hors de propos, faisant le bon valet, *le Sacrement de Confirmation ne peut estre conferé que par les Euesques.* Ie n'ay pas les liures de ces estrangers, mais i'asseurerois bien qu'ils n'ont iamais escrit le contraire, prenant vostre proposition au sens que vous la deuez entendre ; si vous n'entreprenez tout d'vn coup de donner vn desmenty à la meilleure partie des Docteurs Catholiques, sans excepter mesmes ceux de vostre faculté, à la reserue d'Hallier qui a bien eu l'effronterie de dire en la pag. 208. *Vindic. Peccaturum summum Pontificem si alteri quam Episcopo hanc potestatem committat.* Qui est par vn trait de plume condamner de peché sainct Gregoire le Grand, & les autres Papes qui en ont vsé de la façon, & porter sentence contre son iuge, & celuy de toute l'Eglise.

Sacrement de Confirmation.

IMPOSTVRES. *pag.* 25.

Pour ce qui est de l'Absolution selon les Erreurs proposées sur le sujet des Euesques, ils donnent souuent le pouuoir d'absoudre aux Religieux lors qu'ils n'en ont point, au grand peril des ames qu'ils trompent par ces Absolutions nulles & inualides, comme le Pape d'à present l'a formellement declaré.

DESCOVVERTES.

Confessions faites aux Iesuites & aux autres Religieux.

Pour persuader vne chose si incroyable, & pour appuyer vne si grande calomnie contre la probité des Iesuites, ce n'est pas assez de renuoyer le Lecteur comme vous faites à la question du droit, que les Iesuites entendent mieux que vous, & que nous metterons tantost au nombre de vos ignorances: il falloit encore monstrer icy que les Religieux confessent sans approbation des Euesques, si vous en auez quelque exemple: car ce seroit l'vnique chose, ayant comme ils ont, pouuoir de sa Sainteté, qui pourroit rendre nulles les Absolutions qui viendroient de leur part. Mais il ne faut non plus attendre d'authorité pour establir vos

F iij

calomnies, que de raison pour les auancer: & quoy qu'Hallier par vne compassion de Crocodille se soit autrefois escrié, *proh dolor multos iam scimus à casuum omnium reseruatione absoluere.* On le defie aussi bien que vous de produire vn seul Iesuiste qui ait iamais confessé sans en auoir le pouuoir & l'approbation.

IMPOSTVRES. pag. 5.

Ce qu'ils ont fait eux-mesmes au College de Marmoutier, fait bien voir iusques où dans leurs Principes, ils peuuent porter la cupidité des hommes, puis qu'ils ont osé, à la face de Paris, changer vne maison de Religieux en des Boutiques mercenaires, & en demeure de plusieurs femmes, & de mesnages. Et ce qui passe toute creance, loüer la Nef d'vne Chappelle à vn Menusier, pour en faire sa Boutique, & changer le Chœur en vn Grenier à foin.

DESCOVVERTES.

Le College de Marmoustier.

Les anciens Religieux n'ayant plus aucune part au College de Marmoustier, qui ne fut iamais vn Monastere, non plus que le Plessis: & n'y faisant plus leur demeure: Les Iesuistes l'ont affermé à quelques locataires, afin de pouuoir fournir à payer la rente, dont ils sont encores redeuables, pour l'achapt qu'ils en ont fait? Ces gens-là maintenant y admettent qui leur plaist, Escholiers, Marchands, &c. comme on fait ailleurs dans les maisons de loüages. Quelle grande *cupidité* font paroistre en cela les Iesuistes ? Et qui peut trouuer à redire, qu'ils disposent de leur maison comme il leur plaist? sinon ceux qui voudroient bien, à leur exclusion, s'en rendre les maistres, & qui ne peuuent souffrir, qu'ils ayent estendu les bornes de leur College, afin de se rendre encore plus vtiles au public. Or cette accusation n'estant pas assez forte d'elle mesme, on y adiouste la calomnie pour la rendre plausible. Et Arnauld qui ne voudroit que deux Eglises dans Paris, où l'on peut dire Messe, & qui condamne aussi bien que Luther les Chappelles & les Oratoires où il se dit des Messes *angulaires*, change maintenant de party & à la faueur d'vn procez verbal, fait par le Commissaire *Charles*, & par *Saint Amour*, lors Recteur

F iiii

de l'Vniuersité, crie contre les Iesuites au sacrilege & à la prophanation de la Chappelle de Marmoutier. Pour l'honneur du Commissaire *Charles*, & celuy de sainct Amour, vous deuiez icy, sieur Arnauld, épargner leurs noms; car c'est leur imputer à la veuë de tout Paris vne friponnerie criminelle en matiere de iustice, dont les Autheurs de ce beau procez verbal, peuuent estre encore recherchez quoy qu'ils ayent desia refusé de comparoistre au Conseil où on les auoit citez : ayant eu la malice de le dresser par complot, d'atiltrer les tesmoins, d'en exclurre les locataires de la maison, & de mettre par escrit tout ce que la mauuaise foy & la passion leur pût fournir. Le Chœur de la Chapelle de Marmoutier a tousiours seruy à dire les Messes depuis que les Iesuites en ont la possession, & a esté aussi peu remply de foin que du temps des Religieux, voire mesme il est encore en meilleur ordre qu'ils ne l'auoient laissé. On n'a iamais veu la boutique d'vn Menusier dans la Nef, comme on vous a fait à croire, le monde y à tousiours entendu la Messe en aussi grande quantité, pour le moins que du vieux temps. Il est vray qu'estant trop vaste pour le lieu, & pour les personnes qui y abordoient, on y fit d'abord quelque retranchement, à la requeste des locataires: mais n'est-ce pas ce qui se fait tous les iours en semblables occasions, sans violer le respect des Chappelles, qui ne sont pas consacrees comme les Eglises? Arnauld, ie vous supplie, croyez plus à vos yeux qu'au rapport d'autruy, allez vous en vous-mesme à Marmoutier & vous verrez si vous y rencontrerez vn atelier, & s'il y a du foin.

IMPOSTVRES. *pag. 16.*

Contre le huictiesme Commandement, Ils authorisent le mensonge par la doctrine des Equiuoques & des restrictions Mentales qu'ils ont introduites? & qu'ils pratiquent parfaitement bien en toutes rencontres, tesmoin le des-aueu des Liures d'Angleterre, dont depuis ils se sont reconnus publiquement pour Autheurs.

DECOVVERTES.

Pour commencer par la derniere des deux impostures que vous mettez en auant. Messieurs les Euesques en

Liures Anglois.

leur lettre circulaire nouuellement imprimee, ne difent pas que les Iefuites fe foient recognus publiquement pour autheurs des liures d'Angleterre, ils affeurent tout le contraire & produifent le defaueu qu'ils en ont fait, lequel en fuite m'empefchera de refpondre aux calomnies, dont vous chargez à diuerfes reprifes les efcrits de ces eftrangers, pour en faire tomber le contrecoup fur les Iefuites de France, de peur de les defobliger, au lieu de les feruir: quoy que ce foit mon deffein de refpondre a toutes les accufations de voftre libelle, fans en omettre pas vne. Auffibien le Pape par vne Bulle expreffe de l'an 1632. le 9. de May addreffee à Monfieur de Chalcedoine & à tous les Ecclefiaftiques d'Angleterre, deffendant expreffement à tous les fidelles fous peine d'excommunication de cenfurer leurs liures, de les lire, & de les retenir, & fe referuant à luy feul, & à la Congregation des Cardinaux d'en porter iugement; ie me veux monftrer plus obeyffant au fainct Siege que vous ne faites, vous dif-ie, qui attaquez & blafmez fi fouuent dans voftre libelle la doctrine de leurs liures. Et afin que personne ne doute que vous ne soyez en effet excommunié, pour auoir ainsi contreuenu en tant de façons à la Bulle du Pape, i'en produiray les propres termes. *Vobis vniuersis, sub pœna excommunicationis latæ sententiæ præcipimus ne vlterius litem super prædictis controuersiis, præterquam apud Apostolicam sedem intentetis, aut easdem quocumque modo vrgeatis aut defendatis, aut quacumque ratione nutrire aut fouere progrediamini, & vn peu plus bas, eos libros qui Romam peruenerunt deferri iussimus ad Cardinales Sanctæ Inquisitionis Antistites, non equidem hactenus eorum vllum perinde ac impietatis reum censura Pontificis damnauit, tamen eorum censuram & examen ad nos spectare declarantes, volumus eos omnes libros è fidelium manibus extorqueri, quin imo bonum pacis spectantes ab eorum lectione & retentione Catholicos, omnes sub ijsdem censuris sententiis, & pœnis inhibemus, iisque illos etiam alligatos declaramus ex nunc, &c.* Ioignons à la Bulle de sa Sainteté vn mot du Decret de la Congregation des Cardinaux, dont Arnaud c'est aussi bien mocqué, & à plus

Arnauld est excommunié par la Bulle du Pape.

forte raison que du commandement & de l'excommunication du Pape, qu'il ne recognoit pas plus pour chef de l'Eglise, qu'il fait l'Eglise de maintenant, pour l'Espouse de Iesus-Christ. *Nequis autem ex hoc Decreto alios criminandi vel exprobrandi occasionem accipiat, sacra congregatio expressé declarat, se in præsenti non intèdere aliquid de meritis causæ statuere, vel authori vel operi ignominiam aliquam vel notam malæ doctrinæ inferre, sed iudicium horum omnium Apostolicæ sedi reseruans, nunc præcipit ne quis aduersæ partis libros eorũue authores hæresis vel malæ doctrinæ nota, ante Apostolicæ sedis definitionem verbo vel scripto deinceps afficiat*; Apres la desobeissance formelle que vous avez commis en tant d'endroits de vostre libelle contre cette ordonnance de la Congregation, & contre la Bulle du Pape, parlant si souuent de ces liures Anglois, les taxant en mille sorte de façons, d'erreur, d'impieté, & de scãdale, & en outrageant les autheurs à tout bout de chant, vous doit-on tenir encore pour enfant de l'Eglise, Et tout le monde n'est il pas obligé de vous fuïr desormais comme vn excommunié puisqu'en effet vous l'estes en trois façons : le Concile de Trente ayant encore prononcé l'anatheme contre vous à raison de vostre mauuaise doctrine, de la corruption que vous pretendez s'estre glissée dans l'Eglise en l'administration du Sacrement de Penitence, comme le Pape & les Cardinaux ont fait icy pour punir vostre desobeissance, c'est au Canon 13. de la 7. sess. *Si quis dixerit receptos & approbatos Ecclesiæ Catholicæ ritus in solemni sacramentorum administratione adhiberi consuetos aut contemni, aut sine peccato à ministris pro libeto omitti, aut in nouos alios per quemcunque Ecclesiæ Pastorem mutari posse anathema sit.* Pour ce qui regarde la doctrine des Equiuoques, dont vous parlez, il paroit bien par la multitude des mensonges de vostre libelle, que vous ne vous estes iamais beaucoup mis en peine de l'estudier : si toutesfois vous croyez ce que vous dites, qu'ils seruent à authoriser le mensoge, comment pour authoriser les vostres, les auez vous negligez? Mais c'est qu'en effet, il les empeschent dans les circonstances necessaires & importantes, où seulement l'v-

Arnauld est excommunié par le Concile de Trente.

sage en est permis, ainsi qu'enseignent ceux qui les approuuent. Plusieurs desquels sont au monde deuant les Iesuites; Comme Iason *in legem manifestæ dig. est. de iureiurando. Alciat. in lege 1 : §. si quis n. 47. de g. est. de verber. signific. Couar. l. 1. variarum ca. 2 n. 4. & Syluest.* de l'Ordre de S. Dominique, iadis Maistre du sacré Palais, *verbo mēdaciū, quæst. extrema n. 6.* qui particularise tous les incidens, où il est permis de s'en seruir. Voicy comme il parle: *Si homo non sit obligatus respōdere secundum intentionem alicuius, licet veritatem celare multipliciter, 1. quando id quod dicitur est verum in vno sensu, licet non sit verum in alio in quo capitur ab audiente, sicut Abraham dixit vxorem esse sororem. 2. quando ab eamdem interrogationem possunt dari multæ responsiones, & datur vna alia tacetur, sicut Samuel, interrogatus ad quid venisset, respondit de causa secundaria tacens de principali. 3. quando locutio est duplex, habens duplicem sensum quorum in vno est vera, in alio falsa & loquens intendit loqui in sensu vero & imprimere alteri sensum falsum sicut si quis interrogetur de eo qui quæritur ad mortem, an transiuerit per talem viam, &*

respondeatur non transiui} hac, intendens per locum proprium & indiuiduum quem pede aut manu tagit, &c. Et similiter Christus non negauit se Samaritanum id est custodem secundũ nominis interpretationem.
4. Quando aliquis interrogatur de aliquo, quod dicere non expedit, quia dicere potest se illud nescire subintelligendo vt reuelandum exemplo Filÿ hominis qui iuxta Marcum dixit se nescire diem iudicÿ quod secundum Doctores ideo dicit, quia illud non fit vt reuelandum nobis, &c. Et parce que la nouueauté vous plaira peut-estre d'auantage, Voyez ce que disent tous les recens: & vous trouuerez qu'ils sont presque vnanimement de cette opinion: Ie me contenteray du tesmoignage de l'vn des meilleurs Docteurs de vostre Faculté, c'est de feu M. du Val, tom. 2. tr. *de fide quæst.* 5. pa. 24. où il dit, Aliud est mentiri, aliud celare veritatem vtendo verbis ambiguis: istud posterius licet, quia qui veritatem dissimulat, aut ambigue loquitur, non propterea falsum profert, sed tantum vel tacet quod verum agnoscit, vel audienti videtur vnum dicere, cum tamen aliud dicat, istud inquam apud homines licet, quia non semper ad mentem

interrogantis respondere tenentur. Mais vous desireriez peut-estre, outre ces authoritez qu'on vous produisit, l'exemple de quelque homme de bien qui ne vous fust point suspect, lequel authorisast par ses actions l'vsage des Equiuoques : Ie ne sçaurois mieux vous addresser qu'a Hallier, vostre confident, lequel se dit & se professe par tout le grand amy des Iesuistes, proteste que ce sont de braues hommes, ne perdant cependant iamais aucune occasion de leur nuire, comme il a paru au liure d'Aurelius, dont il a fait la Preface, & fourny les iniures, aux poursuites qu'il fit en l'Assemblée de Mantes, aupres de Messieurs les Prelats, contre le Pere Cellot, à celles qu'il a fait à Rome contre le Pere Rabardeau, & aupres de Messeigneurs les Nonces, contre les Liures du Pere Bauny, pour en obtenir la Censure, sans songer seulement à poursuiure la condamnation de tant d'autres Casuistes qui sont en nostre langue, & qui disent des choses bien plus estranges que ce Pere qui n'auãce rien qu'apres de bons autheurs, n'a iamais dit, entr'autres Villalobos

Ialobos, Biensfel, Maillard, & Benedicti ; l'vn desquels a mesme esté traduit en François par vn Docteur de Sorbonne : Ce qui monstre, qu'il n'y a que la haine qu'il a contre les Iesuistes, qui le porte à les entreprendre de la façon. En effet, si c'estoit le zele de la gloire de Dieu, qui l'empescheroit de s'employer à faire censurer en Sorbonne, & à l'Inquisition le Liure de la frequente Communió, que le Concile de Trente condamne desia en tant de façons. Il faut donc que ce Docteur mente à bon escient, se disant, comme il fait, en toutes rencontres le bon amy des Iesuistes, ou qu'il vse d'équiuoques, & de restrictions mentales. Car de vous alleguer ce qu'il a dit souuent à ses amis qu'il y a d'honnestes gens parmy les Iesuistes, desquels il est seruiteur; mais que le corps, qu'il persecute n'en vaut rien : cela ne sauuera pas de l'vn des deux, ou d'estre en effect ennemy de tous, contre ce qu'il proteste, ou de l'estre des plus honnestes gens, qui sont tousiours l'objet de ses persecutions, ainsi par necessité, ou il se sert d'equiuoque, ou il vse de mensonge.

Difference que met Hallier entre l'Institut & les personnes des Iesuistes.

G

IMPOSTVRES. *pag.33.*

Cellot dans son Liure de la Hierarchie fait pour la cause commune de toute la Société, & pour fauoriser la mauuaise doctrine de ses Confreres d'Angleterre, censurée par les Euesques & par la Sorbonne, renuerse toute la Hierarchie de l'Eglise par vne diuision chimerique en trois Hierarchies, dont celle qui comprend le Pape comme Pape, & les Euesques selon leur puissance & leur Charactere, n'est que la derniere : Et celle qu'il a formée dans son imagination ; & qu'il appelle des graces gratuites, où il met les Freres Lais, & mesmes les femmes, toute la premiere.

DESCOVVERTES.

P. Cellot. Il est vray que le liure infame d'Aurélius que le Pere Cellot a dignement refuté, engageoit puissamment l'honneur de toute la compagnie de Iesus: mais c'est vne calomnie, que ce Pere ait escrit, pour fauoriser la doctrine de ses pretendus *Confreres d'Angleterre*: car tant s'en faut que cela soit veritable, que tout au contraire, il proteste à la teste de son liure qu'il ne veut point s'engager dans le party de ces

estrangers qu'il ne connoit pas. *Quid* — In præfatioe
Angli dixerint, quid Hiberni, meanon in-
tereſt, qui ſi Ieſuitæ omnes forēt non eſſēt
tamen omnes Ieſuitæ. Gallis, Germanis,
Italis, Hiſpanis, Græcis, Iudæis, Leges
non imponunt Angli vel Hiberni. Pour
ce qui regarde la Hierarchie des graces gratuites, qu'il eſtablit dans ſon
liure, il a ſuffiſamment declaré ſes intentions, & a fait voir que c'eſt ſans
preiudice des deux autres, quand il a
dit, *eam non eſſe primam, & ſupremam* — Declaratio
Hierarchiam in ratione Hierarchiæ. Qui — pag. 3.
laiſſeroit faire les Syraniſtes ils eſta-
bliroient bien-toſt vne autre Hierarchie dans leur nouuelle Synagogue,
qui auroit pour chef l'Abbé de ſainct
Syran; pour principal inſtrument,
Arnauld; pour ſubiets, tous les libertins. Pour la puiſſance de iuriſdiction,
l'eſprit particulier : pour celle de
l'Ordre, le charactere de la Beſte:
pour les graces gratuites, les ſept pechez mortels.

IMPOSTVRES. pag. 34.

Il dit, Que la conuocation des
Conciles generaux eſt vne choſe
dangereuſe, & que c'eſt pour cette
raiſon que l'on n'en aſſemble plus.

G ij

DESCOUVERTES.

Pour le mot de dangereuse : il l'a suffisamment restreint par celuy d'*aliquando*, & on ne peut ignorer que les schismes arriuez par fois en suitte de quelques Conciles, ne iustifient son opinion : mais qu'il ait dit que pour cette raison, *on n'assemble plus de Conciles*, c'est vne malicieuse imposture, & vne falsification, dont ie vous demande icy iustice, Lecteur, quand vous aurez leu la page 198. du Pere Cellot, que l'imposteur vous cite en marge, en voicy les propres termes. *Cæterum quod alias decreuerat Constantiense Concilium, vt quoque decennio Synodus Generalis conuocaretur, posteritas omisit exequi.* Au reste le Decret du Concile de Constance qui portoit que tous les dix ans on fit vn Concile General, n'a point du depuis esté obserué. Est-ce donc le mesme à vostre aduis, on n'en assemble plus, & on n'en assemble pas tous les dix ans : Y a-il fallace plus grossiere dans la Logique de Dumoulin ?

IMPOSTVRES. page 6.

Cellot enseigne, *Que la Loy de Moyse donnoit la Grace aussi bien. l'Euangile, & qu'elle conduisoit au Ciel par* la crainte, comme la Loy Euangelique par amour. Contre la definition expresse de sainct Paul; qui dit, *Que si la Loy de Moyse auoit eu le pouuoir de iustifier les hommes, Iesus-Christ seroit mort en vain.* Et contre la premiere Notion du Christianisme, qui nous asseure que les biens Eternels ne sont preparez qu'à ceux qui aiment Dieu, *quæ præparauit Deus diligentibus se.*

DESCOVVERTES.

Il sçait mauuais gré au Pere Cellot d'auoir repris Aurelius des blasphemes qu'il auoit proferez contre la Loy de Moyse, de laquelle cét Autheur n'auoit pas eu horreur d'écrire, *que d'elle mesme & en vertu de son institution elle portoit les hõmes au peché*, qui est faire directement Dieu, lequel en estoit le Legislateur, principe & cause du mal, & en reueche il veut icy faire à croire à ce bõ Pere, qu'il est tõbé luy mesme en l'autre extremité. Et il appuye sa calomnie sur la traductiõ, ou plustost la deprauation qu'il fait des paroles Latines tirées de deux endroits du liure du Pere Cellot: en l'vn desquels il dit de cette Loy, *persici Dei gratia ipsi non minus quàm Euan-*

P. Cellot.

Declar. p. 7. *gelio intrinseca idest necessaria. Et en* l'autre, *noua amore ducit ad Deum, vetus timore trahit ad cœlū.* Accordez maintenant, ie vous prie, sa belle version auec ces deux textes, & voyez si c'est le mesme, de traduire cóme il fait, que la Loy de Moyse donnoit la grace aussi bien que l'Euangile, & qu'elle conduisoit au Ciel par la crainte, comme la Loy Euangelique par amour. Et de rendre cóme il faudroit, pour accóplir l'vne & l'autre Loy la grace est necessaire; la nouuelle conduit à Dieu par l'amour, & l'ancienne traine au Ciel par la crainte. Ie n'allegue point que le Pere Cellot en la page 111. destruit derechef cette calomnie, disant: *Vtrique legi iustitia, sanctitas, & iustificatio suo modn competit, sed legi fidei perfecta, interna, apud Deū, legi operū externa, apud homines imperfecta.* Arnauld auroit bien meilleure grace au lieu de s'amuser ainsi à calomnier le Pere Cellot, pour complaire à Hallier, de le seconder en vn si bon dessein, & de se ioindre en cause pour ayder à la refutation d'vne si grande impieté que celle d'Aurelius, & que du depuis Iansenius a renouuellé à la honte de toute l'Eglise, ayant osé escrire *Syno-*

goga vt Synagoga erat Congregatio car- | Tom. 3. l. 3.
nalium hominum propter sola tempora- | cap. 3. 6. 7.
lia bona, vitioso amore colentium
Deum. Mais le respect que ce bon
disciple porte à de si bons Maistres est si
grand, qu'il aime mieux les défen-
dre, mesme contre Dieu, que de souffrir que les Iesuistes les attaquent.
C'est aussi ce que fit dernierement à
son exemple dans sainct Nicolas des
Champs, à la veuë & au scandale des
Autels, cet esprit turbulant, le veritable Prothée de nostre siecle, qui
n'a peu iamais garder aucune consi-
stance, & que pour arrester enfin, il
faudra lier pour la seconde fois aux
quenoüilles de son lict; aussi bien
menasse-il de courir les ruës pour y
prescher son impieté; & il ne vaut pas, | Comme il
ce dit-on, la peine d'estre conduit à la | fut à Angers
Bastille, que le liure d'Optatus Gal- | auant que de
lus luy a fait meriter, il y a long- | sortir des Pe-
temps, aussi bien que tant de sedi- | res de l'Ora-
tieuses predications, qu'il a fait par | toire.
tout.

IMPOSTVRES. pag. 34.

Il veut aussi, Que l'authorité du Pape & des Conciles generaux dépende du consentement des peuples, ce

qu'il appelle *infaillibilité passiue*, qu'il met dans les Laïques mesmes; & qu'il esleue en vn sens au dessus de la veritable infaillibilité de l'Eglise qui reside dans les Euesques, puis qu'il veut que celle cy dépende de l'autre.

DESCOVVERTES.

P. Cellot. C'est mal parler, & ce sont des termes odieux, de dire que les Conciles dépendent de l'acceptation des peuples: aussi n'appartient-il qu'à vous Arnauld, de parler de la sorte, & de faire ainsi parler les autres, pour les calomnier auec plus de pretexte. Le Pere Cellot n'a iamais vsé de ce langage au lieu que vous alleguez; car voicy comme il parle, *Les Canons commandent qu'on ne fasse rien dans les Conciles, & qu'on n'impose aucun ioug aux Seculiers, comme seroit d'establir des festes, d'introduire des coustumes, &c. sans leur aueu & sans leur cõsentement*, quod eò magis concedendum est quod eorum causa non infrequenter agitur, & interest nullum inuito atque absenti onus imponi. C'est vne grande douceur & vne grande condescendance à l'Eglise, d'en vser ainsi à l'endroit de ses sujets, & vous en estes bien esloigné dans l'establissement de vostre penitence publique, ou bon gré mal gré vous nous voulez assuiettir.

IMPOSTVRES. *pag. 34.*

Il rend encore plus ridicule l'infaillibilité de l'Eglise, quand il enseigne que ny le Pape, ny les Conciles generaux ne sont infaillibles que sous cette condition, *Que ce qu'ils déterminent soit vne proposition vraye, & veritablemēt reuelée de Dieu aux Prophetes, & aux Apostres, & aux Escriuains Cānoniques, ausquels il adiouste les Peres, les Conciles & la Tradition.* Qui est vne maniere d'infaillibilité fort cōsiderable, & qui donne à l'Eglise grande authorité de faire croire ce qu'elle propose, comme s'il y auoit personne au monde qui ne fut infaillible de ce cette sorte, & qui n'eust le priuilege de ne pouuoir errer lors qu'elle dit vray.

DESCOVVERTES.

Il n'est point la question de ce qui donne l'infaillibilité au Pape & au Concile Oecumenique: ce seroit estre ridicule de chercher d'autres asseurances de cette infaillibilité, que la parole & la promesse de Dieu. Mais le

Pere Cellot explique doctement au lieu que vous citez, les conditions qui se retrouuent tousiours, & se doiuent retrouuer, afin qu'en effet l'vn & l'autre vse de son infaillibilité, & agisse comme infaillible, voicy ses propres paroles. *Addo Pontificem loqui ex cathedra cum tres adhibet conditiones, primam ex parte materiæ quā volo esse propositionem verā, vere reuelatā, vt monet S. Thomas. Secundam, vt neque solus iudicet, neque temere pronunciet, &c. tertiā, vt toti Ecclesiæ, vt absolutè & præcisè proponat:* conditions qu'il applique au Concile auec proportion. Vostre procedé Arnauld a trois qualitez bien differentes de celles-cy, aussi ne s'estonne-on pas que vous puissiez tróper, que vous trompiez, en effet, & que vous soyez trompé.

IMPOSTVRES. *pag.* 40.

Que lors qu'on dit, que l'estat d'Euesque demande de plus grandes & de plus parfaites vertus, que celuy de Religieux, cela ne se doit entendre que des *Vertus Politiques*, qui sont plus esclatantes & plus exposées aux yeux des hommes, & non pas des *Vertus interieures*, & produisent dans l'ame vn plus *grand amour de Dieu.*

DESCOVVERTES.

Il ne s'agit point en cet endroit des vertus, qui doiuent releuer l'estat & la dignité d'Euesq. ny de sçauoir si elles doiuent estre plus excellentes que celles des Religieux: le Pere Cellot l'a cent fois dit, & l'a prouué par de bonnes raisons, & c'est vne verité où tout le mõde s'accorde. Qu'on voye l'ẽdroit que vous cottez, & le lecteur découurira que vous luy imposez, & qu'il ne s'agit là que des qualitez absolumẽt necessaires, afin qu'vne personne puisse estre choisie, & esleuée à l'Episcopat: ce n'est qu'apres S. Tho. en la 2.2. q. 185. que le Pere a parlé, & il en rapporte mesme les propres termes qui sont, *eum qui eligit Episcopum non teneri assumere meliorem simpliciter, quod est secundum charitatem, sed meliorem quoad regimen Ecclesiæ, qui scilicet possit Ecclesiam & instruere, & pacificè gubernare.* Apres quoy le Pere Cellot adiouste immediatement, *quod possunt aliqui non perfectioris virtutis interioris nimirum & priuatæ modo Politicis virtutibus sint præditi.* Et sainct Hierosme & sainct Anselme apres S. Paul, sont de mesme sentiment, comme il montre au mesme endroit ; & Arnauld en seroit luy mesme, si l'interest de la verité ne luy estoit moins considerable, que celuy d'Hallier; que le Pere Cellot traitte fort mal en cét endroit, auec beaucoup de raison.

IMPOSTVRES. *pag* 18.

Pour esleuer leurs vœux, ils diminuent tant qu'ils peuuent les obligatiõs du Baptesme, & Cellot a osé dire que ces paroles, *Ie renonce*, *Ie veux*, *Ie crois*, n'emportent point de promesses.

DESCOVVERTES.

P. Cellot.

Ce ne seroit pas esleuer les vœux, mais les renuerser, de diminuer les obligations du Baptesme : aussi le P. Cellot n'oste point absolument à ces paroles qu'on y prononce, *la signification d'estroite promesse*, mais seulement de *promesse votiue*, qui soit vn veritable vœu, pris en sa rigueur, ainsi que luy mesme le declare expressément. En quoy il a plusieurs grands Docteurs de son costé. Magi-

decla. p. 16.

ster in 4. d. 38. S. Thomas, S. Bonauenture, & autres apres S. Augustin. Il n'appartiēt qu'à Arnaud d'en vouloir aux Sacremens, tesmoin celuy de la Penitence & de l'Eucharistie.

IMPOSTVRES. pag. 33.

Le mesme Autheur, l'imitation des Caluinistes, veut que l'Eglise dont il est parlé dans l'Apocalypse qui s'enfuit dans le desert, n'ait point d'hommes pour Pasteurs, mais seulement des Anges; qui est vne Heresie formelle contraire aux promesses de Iesus-Christ, qui conseruera tousiours dans son Eglise la succession des Pasteurs, depuis son premier aduenement iusques au second.

DESCOVVERTES.

Le Pere Cellot n'imite point les Caluinistes, puis qu'il n'establit ny ne suit les nouueautez dangereuses; & vous estes sieur Arnauld iniurieux à sa personne, au mesme temps que vous calomniez sa doctrine: car il dit en cent lieux de son liure, ce que vous luy voulez apprendre icy, *que Dieu conseruera tousiours dans son Eglise la succession des Pasteurs. Et quant à cette femme de l'Apocalypse qui s'enfuit dans le desert, il luy donne tellement des Anges pour Pasteurs, au defaut des hommes, qu'il est aisé de voir*

P. Cellot.

que c'est en autre sens; laissant tousjours à ceux cy la dignité de Pasteurs, & donant seulement à ceux-là l'vsage de quelques fonctions spirituelles, purement interieures, & propres à ces diuins esprits. Ce qui vous sert de pretexte pour les calomnier c'est le mot de Pasteur, que vous prenez en mesme sés par tout; quoy que tout le texte de l'Escriture dont il se sert, *pascant eam*, & les adioints *qui pascuntur*, montrent éuidemment qu'il l'vsurpe plustost pour quelque acte qui leur est particulier, que non pas comme vous pretendez pour vne puissance pastorale semblable de tout point à celle qu'ont parmy les hommes, ceux-là que Iesus-Christ a establi Pasteurs de son Eglise. Ie ne m'estonne pas que Hallier vous ait fourny cette accusation contre le Pere Cellot, car il y a long-temps qu'il a entrepris de rabaisser les Anges au dessous des Pasteurs, & qu'il a escrit au grand mespris de ces diuins esprits, & contre toute verité, *Episcopos ab Angelis non illuminari, sed potius Angelos ab ipsis*.

IMPOSTVRES. *page* 31.

Il veut faire passer l'estat de Moine

pour beaucoup plus releué que celuy de Sousdiacre, Portier, Psalmiste & Lecteur. Et il ne peut souffrir qu'on die, que les Moines marchoient en l'Eglise apres les Lecteurs & les Chantres.

DESCOVVERTES.

Le nom de Moine, & de Monachisme, qui se lit assez souuent en vostre libelle, vous semble propre, aussi bien qu'à Hallier, pour rabaisser les Religieux que le Pere Cellot, dittes vous, veut par trop releuer : mais pourquoy dissimulez vous en quoy c'est qu'il les releue tant ? il faut que ie le declare; afin qu'on oye par là s'il est ambitieux, ou si vous estes imposteur : en l'endroit que vous alleguez de son liure, ce n'est pas luy, mais Eusebe qui parle à l'auantage de l'estat Religieux qui vaque purement à la contemplation, & le PereCellot n'en fait que rapporter les paroles, *totus,* dit cet Euesque, *prorsus à communi vita abhorres, & soli diuino cultui ex immenso rerũ cœlestium amore addictus, ipsumque duntaxat corpus in terra gerens.* En suitte dequoy le PereCellot adiouste seulement vne chose tres veritable, & que

Monachuli vnius aut alterius furiatam mentem. Hallier. præ. Vind. pag. 63.

tout le monde accorde par preciput à cet estat, à la reserue de ceux qui luy sont ennemis, *eam sublimitatem nec hypodiaconus, nec ostiarius, neque Psalmista aut Lector affectat, ne ipsi quidem maiorum gentium sacrati quos ipsa officij ratio & salutis alienæ procurandæ necessitas in communi vita retinet.* Vous n'auez garde de faire mention de ces *maiorum gentium sacrati*, de peur que vostre calomnie n'en fut moins croyable, si vous eussiez dit, *qu'il veut faire passer l'estat de Moine pour beaucoup plus releué que celuy des Euesques*. Vne chose moins parfaite absolumēt que l'autre, ne laisse pas neantmoins de la surpasser quelque fois en quelque sorte d'auantage. Quant à l'autre preuue que vous tirez de vostre seconde citation pour acheuer de faire croire que le Pere Cellot veut trop releuer les Religieux, c'est vne pure malice, qui vous fait prēdre à côtre sens le reproche qu'il fait en cet endroit à Hallier d'abuser de ce passage au preiudice de l'estat Religieux, *sumat Episcopus, deinde Presbyteri, Diaconi, & Hypodiaconi & Lectores, & Cantores, & Ascetici, &c.* où s'agissant du rang qu'on deuoit tenir à tir à la Communion, Hallier en auoit pris occasion de rabaisser selō sa coustume les Religieux, & auoit dit, *post Lectores & Cantores, id est post vniuersum Clerum, Monachi ad communionem accedunt.* Surquoy le Pere Cellot luy demande, *quis tibi suggessit lepidum illud id est? aut cur non addis post Clerum ministrantem? cum causa cur Monachis multi e Clero præponātur sit ipsum ministeriū.* Vous voudriez l'vn & l'autre, que persōne ne resistat au dessein que vous auez d'auilir les Religieux & de les reduire si vous pouuiez à neant.

IMPOSTVRES, pag. 39.

Cellot enseigne, Que les Priuileges des Religieux ne peuuent estre ny reuoquez, ny restraints par les Papes mesmes.

DESCOVVERTES.

Il ne l'a iamais dit absolument, comme vous luy imposez, non pas mesme aux endroits dont vous faites choix à discretion : car on y trouuera tousiours au moins cette restriction, *horum si negetur facultas, tolli etiam finem necesse est.* Et ailleurs où il en parle à dessein, & oste tout suiet de douter de ses intentions, il a ces paroles, *iis reuo-*

P. Cellot

declar. p. 10. & 11.

H

catis & sublatis adhuc remaneret essentia ordinum Regularium. Il n'auroit garde de dire le mesme des vœux, ny d'estre en cela de l'auis d'Hallier vostre Confrere, qui a bien osé escrire qu'ils ne sont point de l'essence de la Religion, *Antiquos Monachos nulla publica consecratione Deo deuotos fuisse* (ignorance cōbatuë par toute l'Antiquité) *& accidentariam eam benedictionem ad Monachatum existere*, heresie formelle & manifeste, les Papes & les Conciles ayant expressément defini le contraire, entr'autres Innocent III. en la Decretale *cum ad Monasterium*, sixiesme *de statu Monachorū* en ces termes, *Abdicatio proprietatis sicut & custodia castitatis, adeo est annexa Regulæ Monachali vt contra eam nec summus Pontifex possit licentiam indulgere*, ce qui ne se peut entendre autrement que *eo manente Religioso cum quo dispensaret*. Et nouuellement le Concile de Trente, ayant dit que les vœux *pertinent ad essentiam ordinis Religiosi, & ad substantiam regularis vitæ*.

Hallier vindic. pag. 408.

sess. 25. ca. 1.

IMPOSTVRES. pag. 40.

Le mesme enseigne, que ce n'est pas precisément la saincteté qui est reguise à l'estat Episcopal, mais la seule Ordonnance de l'Eglise, qui est cause que l'on en reiette ceux que leurs crimes ont rendu infames.

DESCOUVERTES.

A quel dessein rapporter icy des termes obscurs, & en laisser de plus clairs; alleguer des paroles odieuses, & en taire l'explication & l'adoucissement, puisque vous dites sur la fin de vostre Libelle, que vous ne les ignorez pas? C'est asseurément afin que personne ne doute de vostre mauuaise foy, non plus que de vostre animosité; voyant que vous faites armes de tout contre les Iesuites, iusques-là, que de tourner en poison les remedes mesmes. Voicy les dernieres paroles du P. Cellot sur cette matiere, qui expliquent clairement ses intentions. *Nolim sic intelligi quasi spectatâ status Episcopalis dignitate, suma non debeat comparari innocentia & perfectio ut quis recte decenterque consecretur, ut ostendi: Verum id scripsi ne quis arbitretur ita necessario ad Episcopatum afferri debere innocentiam, ut sine illa, criminis alicuius etiã occulti reus valide consecrari non possit, quod veritati repugnat & fidei.* Ie ne

P. Cellot declar. p.

m'estonne plus que vous soyez si rigoureux aux pechez des Penitens, puis que mesme vous en voulez à la Vertu.

IMPOSTVRES. *pag. 35.*

Il souftient, Que les Abbez ou Generaux d'Ordres, quoy qu'ils ne fussent point Prestres ont par la seule qualité de Superieurs de Maisons Religieuses, voix deliberatiue & definitiue dans les Conciles generaux, aussi bien que les Euesques, & qu'ainsi ils sont Hierarques par ce seul tiltre, & par eux-mesmes, & non par le Sacerdoce, ou par vne Commission particuliere des Euesques.

DESCOVVERTES.

P. Cellot.

Il n'y a pas, *Aussi bien que les Euesques*, comme vous imposez au Pere Cellot, mais seulement, *Episcopis hac in prærogatiua coniungi, & quidem eximio post Episcopos gradu* : ce qui monstre comme vous enuenimez tout ce que vous maniez, sur tout quand il s'agist de rendre les Iesuistes odieux aux Euesques. Le mesme Pere que vous calomniez, parle encore ailleurs plus clairement, ce que vous ferez toussiours semblant d'ignorer jusques à l'extremité, encores le blasmerez-vous d'equiuoques, pour couurir l'iniustice de vostre procedé. *Abbates*, dit-il, *& alij Regularium superiores* decl. p. 9. *non per se præcise & ex eo quod regulari præsunt ordini ius habent assistendi Concilijs atque in ijs deliberandi, sed in ijs assistunt, atque in ijs decernunt tantū ex priuilegio.* Ie m'estonne qu'vn Prestre qui fait estat de reformer tout, gaste & corrompe tousiours la meilleure doctrine.

IMPOSTVRES *pag. 29.*

Il n'attribuë aucune authorité d'excellence au Clergé en vertu de l'Ordre, ny aucune sainĉteté, laquelle il attribuë aux Moines en vertu de leur profession. Contre la doctrine des Peres, qui veulent, que precisément en vertu de l'Ordination, on acquiere & sainĉteté, & dignité, & authorité.

DESCOVVERTES.

Ie suis tantost las de vous reprocher P. Cellot. vostre mauuaise foy, & de vous dire si souuent qu'aux endroits mesme que vous obiectez, & aux autres que vous dissimulez, le P. Cellot enseigne tout le contraire. Il faut que i'y adresse le Lib. 3. cap. 16. de p. 24.

H iij

Lecteur; & que ie l'asseure qu'il y touuera toute autre chose que ce que vous reprenez: car il donne plus de saincteté à l'Ordre, pourueu qu'on n'y mette aucũ obstacle, ainsi qu'il parle, que vous & Hallier n'en ostez à la profession Religieuse. Et quant à *l'authorité d'excellence* qui resulte necessairement *de la puissance de l'Ordre, & de la iurisdiction,* il n'y a que les Heretiques qui la puissent denier au Clergé, comme il n'y a qu'eux qui ne reconnoissent point dans l'Eglise l'vne & l'autre de ces puissances: & il ne faut qu'ouurir le liure du Pere Cellot, pour trouuer à chaque page la conuiction de cette Imposture.

IMPOSTVRES. pag. 30.

Il parle du Sacerdoce de la plus iniurieuse maniere que l'on se puisse imaginer, en soûtenant, Que dans les premiers siecles de l'Eglise, on n'a pas moins forcé les pecheurs & les scelerats de se faire Prestres en punition de leurs crimes, que de se retirer dans les Monasteres.

DESCOVVERTES.

Vous des-honnorez plus en effet voſtre Sacerdoce, par cette impoſture, que vous ne le defendez en apparence contre le Pere Cellot, qui n'a iamais rien dit pour l'auillir, mais pluſtoſt l'a grandement releué dedãs ſes liures. Il eſt vray que reſpondant à Aurelius qui ſe ſeruoit de cette preuue honteuſe, & ridicule, pour deprimer la ſainéteté de l'eſtat Religieux, *ſtatus Monaſticus, facinoroſis puta adulteris & homicidis imponebatur,* dequoy meſmes il produiſoit des exemples: Le Pere Cellot luy reſpond auec beaucoup de raiſon & de verité, *Que par la meſme conſequence on pourroit quillir le Sacerdoce, quelques-vns ayãt eſté contraints en punition de leurs crimes, de ſe faire Preſtres.* Deuãt des Iuges equitables, qui des deux eſt le coupable, le P. Cellot, ou Aurelius; celuy qui appuye ſur cette raiſon au preiudice de la Religiõ, ou celuy qui la renuerſe, en luy oppoſant l'exemple du ſacerdoce. Arnauld eſt encore plus criminel que ne l'oſt Aurelius; puis-

P. Cellot.

que non seulement il approuue en cet endroit, le mépris que cét impie fait des Religieux: mais que luy mesme y adjouste tant de nouuelles calomnies.

IMPOSTVRES. *pag. 1.*

Pour obliger le monde à suiure les nouueautez pernicieuses qu'ils ont introduites dans la Morale Chrestienne, ils enseignent, Que nous deuons apprendre la regle de nostre Foy des Anciens Peres : mais que pour celle des mœurs, il la faut tirer des Docteurs nouueaux, qui est vne chose tres-injurieuse à tous les Peres de l'Eglise.

DESCOVVERTES.

Vous auez beau dire, vos paroles sont trop foibles, & vos mensonges trop grossiers, pour persuader iamais contre l'experience de tous les hommes que les Iesuistes *introduisent de pernicieuses nouueautez en la Morale Chrestienne.* On voit Dieu mercy cóme tous les iours ils s'opposent aux vostres sans attendre d'autres reconnoissances de vous, que les injures & les calomnies, desquelles vous couronnez leur zele. Quant à la pro-

Cellot.

position que vous tirez d'vn seul de leurs autheurs (car l'autre n'a fait que la rapporter de luy) n'a-elle pas vn fort bon sens, à vostre auis, si vous en auez vn bien équitable pour en bien iuger? Le P. Cellot vous l'apprendra, *decla. p. 16.* *potest rectè intelligi de moribus honestis, laudabilibus & homine Christiano dignis, non in vniuersum, sed tantum de ijs qui pro diuersis temporibus & locis mutari possunt.* Si vous auiez bien estudié cette leçon, vous n'auriez pas eu la presomption apres trois années de Doctorat, de reprendre l'Eglise d'auoir relasché quelque chose de la rigueur des penitences publiques qui s'obseruoient en d'autres temps.

IMPOSTVRES. pag. 35.

Il traitte d'vne maniere injurieuse P. Cellot. tous les Prestres du Clergé, les appellans *Marchands de Messes, Sacrificulos, Missificantes, & Missas lorantes.* Et il fait vne comparaison d'vn Religieux auec vn Prestre, la plus pleine d'orgueil & de Pharisaïsme qui se puisse imaginer.

DESCOVVERTES.

Iusques icy vous n'auiez falsifié qu'en François, maintenant vous le faites en Latin, afin d'employer toutes les langues que vous sçauez à médire & calónier les Iesuistes. La seule impuissance vous empeschera de vous ayder de la Grecque, car l'Abbé de S. Syran qui vous a fourny les passages Grecs que vous auez mis en marge du liure de la Frequente Communion, n'est plus en estat de vous rendre cette assistance. Au premier lieu des trois que vous citez, le Pere Cellot voulant mostrer qu'il n'est pas necessaire d'auoir des subiets pour estre dãs la Hierarchie, & qu'ainsi les Religieux par cette raison n'en doiuent pas estre exclus, cóme pretédoit Aurelius & le Docteur Hallier, qui fait son possible pour en acquerir par le moyen d'vn Euesché ; vse de ces termes, *Presbyteri qui ad templa mane totũ expectant dũ locentur ad sacrũ faciẽdum, cui ius dicunt, cui imperant ?* Quel mal peut-on trouuer en ces paroles? & cómét diriez-vous mieux en Latin; Les Prestres qu'õ gage pour dire des Messes ? Certes s'il y a dú mal à vser de ces termes, il ne viẽt que d'Aurelius, & que d'Hallier, qui ont parlé au mesme sens des Religieux, & y ont employé de semblables mots, que le Pere Cellot ne fait que renuerser sur les Prestres seculiers. Au secód endroit, preuuant le mesme contre eux, il parle ainsi: *Religiosus Sacerdos cur ab omni Hierarchiæ gradu à vobis deiicitur? quia determinatos non habet subditos, ille autem alius quos habet ante commißionem vestram? quia non imperat; & ille Vester qui mißæ suæ operam locat audituris, quam magnus imperator est?* En quoy il n'y a rien de mauuais que la necessité où ces deux Docteurs l'ont engagé de faire cette comparaison, qui estoit entierement necessaire pour móstrer l'iniustice du mépris qu'ils faisoient de l'estat Religieux : mais de grace qui a forgé ces mots Latins, *sacrificulos, mißificantes?* qui ne se trouuent en aucun de trois endroits que vous citez, non plus que cet autre que vous rēdez en François *Marchands de Messes*, afin de rēdre ce Pere odieux à tous les Chrestiens par vn mépris pretendu des Prestres. Pour la comparaison du Religieux auec le Prestre qui regarde vostre troisiesme citation, elle est plus de sainct Augustin, de sainct Hierosme, de sainct Bernard, & de

Pierre de Blois, que du Pere Cellot, qui ne fait quasi que traduire leurs paroles: cependant elle vous déplaist à raison qu'elle est à l'auantage de ceux que vous raualez tant qu'il vous est possible, & que vous voudriez exterminer de l'Eglise selon la maxime de S. Syran pour la renuerser plus aisément.

IMPOSTVRES. *pag.* 29.

Sans parler des excez qu'ils ont commis contre l'Episcopat, que l'on reserue à vn autre lieu, le seul Liure de Cellot fait par le commandement de leurs Superieurs, & dans vne cause commune à toute la Societé, ne respire qu'vn mépris de tous les Ordres sacrez.

DESCOVVERTES.

Il n'y a gens qui respectent dauantage, ny qui déferent plus à cet illustre charactere, que font les Iesuistes; c'est le tesmoignage qu'en ont tousjours rendu Messieurs les Euesques: c'est ce que toute la France voit depuis tant d'années au grand bien de toutes les ames, & à l'edification de tout le monde, & n'esperez pas que vos calomnies ostent iamais au public

P. Celot.

ce sentiment. Le liure du Pere Cellot à qui vous en voulez tant, ne fera point changer le monde d'opinion; tant s'en faut, les grands Éloges qu'il donne à chaque page à Messieurs les Euesques, & l'humble soufmission qu'il a rendu à leurs sentimens pour les releuer encore dauantage, seront mis vn iour au nombre des exemples de l'honneur & du respect que leur rendent par leurs escrits & par leurs actions ceux de cette compagnie, & seruiront à iamais pour confondre vos impostures.

IMPOSTVRES. *pag.* 3. Lib. 8. c. 16. p. 717.
Ils ont tant de peur qu'on ne restituë le bien d'autruy, que Cellot ne craint point d'appeller le Liure d'vn Casuiste, qui auoit empesché vn homme de faire vne restitution ordonnée par son Confesseur, & qu'il alloit accomplir, *Vn effet de la Predestination de cette personne, & le prix du sang de Iesus-Christ.*

DESCOVVERTES.
Les Iesuistes vous deschargēt vous P. Cellot. mesme autant qu'il est en eux, pour l'amour de Iesus-Christ, de l'obligation que vous contractez par tant de

calomnies, de leur rendre l'honneur que vous leur rauissez. Qu'on ait recours au chapitre que vous citez, & on verra plus clair que le iour, que ce n'est pas le liure d'vn Casuiste, comme vous imposez pour rendre le Pere Cellot ridicule, rencontré par hazard en la boutique d'vn Libraire, qu'il appelle vn effet de la predestination de cette personne: mais que c'est la rencontre d'vn bon & sçauant Casuiste, de qui l'on tire des esclaircissemens importans en matiere de conscience. En quoy ie m'asseure que tout bon Confesseur sera de mesme aduis. Vous y adioustez encore du vostre pour rendre cette imposture plus ridicule, car ces paroles sont de vostre inuention, & ne se retrouuent point chez le Pere Cellot, *& le prix du sang de Iesus-Christ*; mais quand elles y seroient, il n'y auroit pas dequoy s'en estonner apres ce que nous venons de dire, tout ce qui est vtile pour le salut, *estant le prix du sang de Iesus-Christ*.

IMPOSTVRES. *pag.* 30.

Il reprend comme vn crime la plainte que les gens de bien font d'vne trop grande multitude de Prestres,

& proposant vne extrauagante metamorphose de tous les hommes qui sont au monde, des femmes mesmes, des bestes brutes, & des choses inanimées en Prestres de Iesus-Christ, il soustient, qu'il n'y auroit pas suiet de se plaindre d'vn trop grand nombre.

DESCOVVERTES.

Ces gens de bien sont Aurelius, l'Abbé de sainct Syran, Arnauld, & l'Abadie auec toute la caballe, qui voudroient reduire la grande multitude des Eglises à deux seulement dans les meilleures villes ; c'est à dire à la Cathedrale & à la Paroissiale: qui voudroient qu'on n'entendit la Messe que les iours qu'on doit communier: qu'on ne communiât que fort rarement, & non pas mesme s'il se pouuoit faire le iour de Pasques; ainsi que l'Abbé de S. Syran l'a fait pratiquer à quelques Religieuses du Port Royal, entre autres à Sœur Marie Angelique Arnauld, propre Sœur de nostre Docteur, comme il conste par le tesmoignage de Monsieur l'Euesque de Lagres, & de plusieurs autres Prelats tres-dignes de foy ; ny aussi à l'heu-

P. Cellot.

re de la mort, tant *pour imiter le defef-poir de Iefus-Chrift en la Croix*, que pour l'empefcher de fortir hors de luy mefme, ainfi que parle & que prefcrit l'abominable & l'extrauagant Chapelet de ce mefme Abbé. Bref qu'on ne dit plus du tout de Breuiaire, ou qu'on en fit vn abregé, comme ils ont eu la hardieffe de publier par vn liure exprés: auffi plufieurs ont remarqué que parmy tout ce qu'Arnauld reprend à tort & à trauers en la doctrine des Iefuiftes, il ne touche point à l'obligation de dire le Breuiaire, ny au temps qu'il le faut reciter, ny aux excufes qu'on peut auoir de ne le point faire; quoy que les Cafuiftes foient fort partagez en ces matieres, & qu'il y en ait de fort larges, & de fort eftroits. Apres quoy le Lecteur Catholique iugera, fi ce fouhait du Pere Cellot doit paffer pour *extrauagant*, ou pluftoft pour neceffaire en ce temps *Incruenti facrificij, precum publicarum, contemplationis cæleftis, diuinæ fcripturæ ftudij, quantum putas effe pretium? Quantopere his actibus vere Sacerdotalibus Dei gloriâ & Ecclefiæ fanctitate promoueri. Si omnes quotquot vfpiã sũt homines*

homines, si mulieres ipsæ, si Brutæ Animantes, si corpora ipsa vita & sensu carentia in sacerdotes mutari, & Augustissimam Eucharistiam facere possent, diceresne diuino illi Dei colēdi modo infinitos illos Ministros esse superfluos? il n'y a que nos enfarinez qui respōdent qu'ouy.

IMPOSTVRES. pag. 30.

Il employe plusieurs pages, pour preferer les fonctions l'Ange gardien aux fonctions du Sacerdoce; & pour faire voir que les Anges ne possedent pas seulemēt le nom & la qualité d'Euesques & de Prestres, mais le sont effectiuement : renouuellant ainsi l'erreur des Iesuistes d'Angleterre, condamnée par les Prelats & par la Sorbonne.

DESCOVVERTES,

Vous faites mal à propos le zélé pour le Sacerdoce contre le Pere Cellot, qui l'honore par ses liures plus que vous ne faites, Arnauld, par vos actiōs, lesquelles n'ont garde de vous egaler aux Anges en pureté (que vous deuriez toutefois tascher de surmonter) tant que vous vous employez à des fonctions diaboliques, c'est à dire aux colomnies. Et quoy y

I

a il personne qui sçache mieux que vous ce que le Pere Cellot a escrit là dessus? *Vbi Angelos appellat Episcopos & Sacerdotes, non sumo Episcoporum & sacerdotum nomen stricte ac proprie sed tantùm late & improprie quod libro 2. capite 19. satis expressum putaui his verbis, &c.* & vn peu apres, *hæc verba; actionibus Hierarchicis hominem Angelus antecellit, nolim simpliciter intelligi, quasi Sacramentorum administratio sit magis ab Angelo quam ab homine, sed ratum secundum quid quia Angeli in sanctißimis Ministeriis homines adiuuant, &c.* Hallier se garde bien d'esgaler, en quoy que ce soit les Anges tutelaires aux Euesques ou aux Prestres, car il enseigne que les Diacres leur sont esgaux en office, & que mesme les exorcistes peuuent autant qu'eux sur les demons. Apres ce que ie viés d'alleguer du Pere Cellot, vous auez bonne grace de luy imposer, qu'il renouuelle l'opinion des Iesuistes d'Angleterre, qui possible n'ont iamais esté, que ceux de France ne recognoissent pas, & la doctrine desquels le Pape a defendu de reprendre ou de condamner sous peine d'excommunication, que vous mesprisez insolemment, taxant si souuent les opinions de ces estrangers dans vostre libelle.

Ie ne sçaurois icy laisser le Père Cellot sans remercier Hallier de l'asistance qu'il vous a rendu, vous fournissant de si beaux memoires contre luy; afin qu'outre les prieres, qu'en reconnoissance ces bons peres feront pour sa conuersion, ie contribuë aussi de mon costé à son amendement, en recompense de la peine qu'il m'a donnee.

Hallier comment se peut-il faire qu'estant Catholique, Prestre, & Docteur tout ensemble, vous ayez non-obstant le cœur si enuenimé contre les Iesuistes que depuis treze ans, il ne s'est rien fait contre eux, où vous n'ayez tousiours eu la meilleure part? Si le liure d'Aurelius, dont les exces ont mesme fait horreur aux heretiques, a paru au iour ç'a esté portant en teste vne Preface de vostre main, remplye d'iniures execrables contre l'honneur de leur corps, l'vn des plus saincts & des plus considerables de l'Eglise de Dieu. Si la caballe des Schismatiques, i'entends des Syranistes s'est

Hallier persecuté les Iesuistes il y a 13 ans.

Hallier a fait la Preface d'Aurelius.

I ij

esleuee contre eux, & a pretendu les faire passer pour heretiques, afin de se garantir eux mesme de ce iuste reproche, vous vous estes ioint en cause, trahissant ainsi la religion, & vostre propre conscience, pour contenter vostre passion. Si les libertins qui se sont bandez contre eux, les ont outragez en leur honneur, par des libelles diffamatoires des suppositions damnables, & des impostures diaboliques; c'est vous qui leur auez fourny les inuentions & mis en main les colomnies qu'ils y ont employé. Que dirai-je? que non content de prester main forte à tous les meschans, contre cette Auguste Cōpagnie, vous auez à mesme temps sollicité contre eux les gens de bien, afin de les priuer du seul appuy qu'ils pouuoient apres Dieu rencontrer en leur innocence. En quoy la malice de vos desseins s'estendoit bien plus loin que sur les Iesuistes: car taschant par cet artifice de les rendre inutiles à la deffence de la vertu, vous auez en mesme temps vsé de l'occasion, suscitant des troubles dans les consciences, appuyant la mauuaise doctrine, & faisant guerre ouuerte à

Hallier appuye la nouuelle secte des Syranistes

Hallier a contribué au libelle de la Theologie Morale des Iesuistes aux deux Apologies de l'Vniuersité aux veritez Academiques, &c.

Hallier dans tous ses entretiēs médit de l'institut des Iesuistes approué du saint Lc.

tous les Religieux; si bien qu'on peut dire que depuis 13. ans vous auez esgallement combattu les Iesuistes, & la pieté. Or quoy que les brouïlleries que vous auez excité de toutes parts, vous fassent assez connoistre pource que vous estes, & plus mesme que vostre propre nom, il faut que ie mette encore en euidence vostre pernicieuse doctrine, afin que tout le monde soit conuaincu, que vous portant en apparence par vos actions, pour ennemy seulement des Iesuistes; vous l'estes en effet de la vertu, de la religion, & des bonnes mœurs. Ie la tireray sommairement du Liure que vous auez esclos à la honte de l'Eglise, & à la confusion de la Sorbonne il y a quelques annees, & qui porte pour titre *Vindiciæ censuræ Facultatis Parisiensis*, liure scandaleux, & qu'il a fallu que le Sainct Pere fit passer par le feu d'vne tres aspre censure & d'vne condamnation publique, en attendant celle du grand iugement que vous receurez vous mesme, pour auoir mal fait, mal escrit, & mal parlé.

Le liure d'Hallier condamné à Rome, côme rapporte l'abbé Constātin, en ces termes. Francisci Hallier doctoris Sorbonici libri Romæ sancti Officii iudicio damnati suut.

I iiij

QVELQVES IMPIETEZ

extraictes du liure intitulé Vindiciæ Censuræ Facultatis Parisiensis, composé par François Hallier, & condamné par nostre sainct Pere le Pape Vrbain VIII.

IL parle des Martyrs qui depuis le Schisme ont respandu leur sang en Angleterre par diuers supplices pour la defense de la Foy, d'vne façon pleine d'impieté & qui charge de confusion l'Eglise de Dieu. *Homines isti, dit-il, tanquam Retiarii in arena, dum fidei* pa. 11. adm ad Lect. *Professores audire volunt & Martyres, tam pretioso scilicet sanguini exsugendo, vulneribus suis applicuerut spongeas alieno sanguine cruentatas.* Ces gens là ne plus ne moins que des gladiateurs das l'Amphiteatre, voulant passer pour Confesseurs de la Foy, & pour des Martyrs, ont appliqué des esponges à leurs playes, apres les auoir ensanglantées du sang de leur prochain, a fin dés en seruir puis apres à recueillir vn sang si precieux, qu'est celuy, si nous les en voulons croire, qui coule de leurs playes. pag. 66. & 661.

Il maintient que les conseils ne sont pas plus parfaits que les preceptes, & il asseure auec Armacan, ancien ennemy des vœux des Religieux, qu'ils n'ont pour object aucun bien honneste. *Consilia perfectiora non sunt praeceptis diuinis, nec sunt de rebus per se expetibilibus.* Il adiouste en suitte que ny le ieusne ny la virginité ne sont point vertus, Doctrine qui fut censuree l'an 1638. au liure du Pere Claude Sequenot en ces termes. *Doctrina qua asserit Vota nil addere perfectionis, non tamen est destructiua sancti Regularium status, Verum etiam falsa, scandalosa temeraria & erronea. Et doctrina qua dicit eos qui vtuntur coniugio tanquam non vtantur habere meritum Virginum & cœlibem vitam agentium, &c. hæresim sapit.*

Il enseigne que la prestrise est dangereuse & pernicieuse à l'estat Religieux. *Sacerdotium Religioso statui periculosum & perniciosum est.* Il faut donc que ce soit vne profession de crimes & de meschancetez. pag 485.

Il'auilit la dignité des Anges tutelaire d'vne façon honteuse à la grandeur de ces diuins esprits ; car il n'a point de honte de dire que les *Diacres leur sont esgaux en office*, voire mesme que *ceux cy estant proprement de la Hierarchie Ecclesiastique, ceux là n'appartiennet pas proprement à l'Angelique*. Il maintient en outre que *les Exorcistes repriment les demons & les empeschet de nous nuire*, aussi parfaictement que les Anges peuuent faire, que les Prestres par le moyē des Sacramentaux qu'ils benissent, & des exortations qu'ils nous font, nous deliurent des dangers & nous portent au bien auec autant d'auantage que nos Anges Gardiens par leurs inspirations & les autres assistances qu'ils nous peuuent rendre, Que les Pasteurs les surpassent mesme, quand à la fonction d'illuminer ; que les Euesques *ab Angelis non illuminantur sed potius Angeli ab ipsis*, ne sont point illuminez par le ministere des Anges, mais que plustost les Anges le sont d'eux, n'y ayant toutesfois rien de plus aueré parmy les Catholiques, par le temoignage des Escritures & des Peres, que c'est des Anges dont Dieu se sert pour illuminer les Pa-

fleurs, & qu'à la reserue de quelques lumieres particulieres, touchant certains mysteres de la foy, & certains euenemens, qu'ont receu les Apostres immediatement de Iesus Christ; en tout le reste il se sert d'ordinaire du ministere des Anges pour illuminer les Prelats : & en effet ne sont-ce pas eux qui ont reuelé à sainct Iean l'Apocalypse : qui ont esclairé les Apostres en toutes leurs fonctions, comme ils auoient fait Moyse & les Prophetes en la Loy escrite, & auparauant en celle de la nature les Patriarches. Bref Hallier ne reconnoit en eux autre operation, que sur les choses sensibles & materielles, & il en parle de mesme que si c'estoient des valets de pied.

On peut encor rapporter icy ce qu'il n'a peu escrire de Iesus-Christ, que par vn esprit de bouffonnerie, & de raillerie, *Eum nunquam fuisse Regularem, nunquam se obedientiæ Regularis voto astrinxisse, nullum fuisse Abbatem cui in iis quæ ad spiritalis vitæ directionem pertineant se subiecisset.* pag. 628. Que iamais il n'auoit esté regulier, que iamais il n'auoit fait vœu d'obeissance reguliere qu'Il ne s'estoit mis sous la direction d'aucun Abbé pour estre instruit en la vie spirituelle. Surquoy toutesfois, il est bon qu'Hallier apprenne en passant que le nom d'Abbé signifiant le mesme que celuy de Pere, & nostre Seigneur s'en estans seruy, parlant au sien, il luy a esté suiect, & mis sous sa conduitte, & a suiuy sa direction en la vie spirituelle.

Quelques Heresies.

Il est tombé dans l'erreur des Pelagiens, ayant osé dire, *Omnes Angelicæ custodiæ effectus sunt naturalis ordinis quoad substantiam, & fiunt via naturali & naturalibus causis. At vero effectus quos Ecclesiæ Pastores producunt, sunt vere & proprie supernaturales.* Que tous les effets de nos Anges Gardiens sur nous sont quãd à la substance, d'vn ordre naturel, & qu'ils se font d'vne façõ naturelle, mais quand aux effects des Pasteurs de l'Eglise, ils sont veritablement & proprement surnaturels, d'ou s'ensuit que sans grace, & par les seules forces de leur nature, Les Anges excitent les hommes au bien, sans grace, ils prient pour nous sans gra-

pag. 14.

ce, ils presentent à Dieu nos oraisons & que les bonnes volontez & les bonnes pensées qui sont souvent des effets de leur assistance, sont d'vn ordre naturel.

Il veut que la regle de nostre Foy soit suiette à l'erreur, enseignant que les traditions des Eglises particulieres, qui peuuent errer, sont la regle generale de nostre Foy, à laquelle il faut que mesme les decrets du Souuerain Pontife, s'aiustent & s'accommodent. *Ecclesiarum particularium traditionẽ, Vniuersalem fidei nostræ normam esse ac regulam, ad quam summi ipsius Pontificis decreta componi & institui debent.* pag. 29. de l'admo.

Il enseigne que les vœux ne sont point Essentiels aux Religieux: mais seulement Accidentels: *Antiquos Monachos nulla publica consecratione Deo deuotos fuisse & accidentariam eam benedictionem ad monachatum existere.* Et il auctorise faussemẽt cét erreur des paroles d'Yuo Carnotensis; en quoy S. Denys, S. Basile, & toute l'antiquité le conuainquent encor d'ignorance. pa. 408.

Quelques propositions contre le Sainct Siege.

pag. 208.

Il a eu la hardiesse de dedier son liure au Pape, quoy qu'il soit remply de propositions iniurieuses à sa Sainteté. Parlant du Ministere extraordinaire de la Confirmation, il n'a pas eu horreur de dire que le Pape ne peut sans pecher, donner ce pouuoir à vn simple Prestre, tant qu'on aye decidé si la chose est en sa puissance, *Quandiu quæstio ista manebit indecisa, peccaturum Summum Pontificem si alteri, quà Episcopo hanc potestatem cōcedat.* Se faisant ainsi iuge du sainct Siege, & du Chef de l'Eglise; condamnant de peché sainct Gregoire le Grand, & tous les autres Papes qui ont dōné ce pouuoir, ne permettant pas au Vicaire de Iesus-Christ de pouuoir suiure en conscience vne opinion tres probable; voulant d'autres iuges pour decider cette question, que les Papes mesme, qui la decident assez par leurs actions, Quand ils accordent à quelque simple Prestre cette puissance; pour ne rien dire du Pape Eugene, &

du Concile de Florence, qui ont suffisamment parlé la dessus, pour nous persuader qu'il y peut auoir vn Ministre extraordinaire de ce Sacrement, sans autre decision.

Il appelle les priuileges que le Pape accorde aux Reguliers: *Nouas & inusitatas prioribus sæculis corruptelas.* Pag. 792. De nouuelles corruptions qui n'estoient point en vsage dans les premiers siecles. Et partant le Pape est bien meschant de vouloir authoriser & establir toutes ces corruptions.

Il reprend le Pape d'iniustice, de pag. 542. donner, comme il fait, des Priuileges aux Reguliers, & employe malicieusement, pour cét effet, les paroles de Pierre de Blois: *Quia eorum concessione, Patri filios, Principi milites, Magistro discipulos subtrahit.* Parce que les donnant, il oste les enfans aux Peres, les soldats aux Princes, les escholiers aux Maistres.

Il veut que le Pape ne puisse don- pag. 546. ner des Priuileges sans le consentemēt des Euesques, & tasche d'appuyer cette faucete, de l'authorité de sainct Bernard: qui est rendre les Papes dependans des Euesques.

Il maintient que le Pape n'auoit pas jadis le pouuoir qu'il a maintenant sur les Religieux, mais que par vn nouueau droict, il a passé des Euesques à luy. *Hac in Monacho Episcoporum authoritate pretermissa, quam ad solos summos Pontifices noua iura transtulerunt.* Comme si la puissance du Pape n'auoit pas tousiours esté la mesme dans l'Eglise.

pag. 528.

Il dit & fait dire à sainct Bernard, que de droit diuin les Religieux sont suiets aux Euesques: & que les Monasteres releuét d'eux, *Ratione pastoralis dignitatis, priuilegijs proinde æquitatem violari quibus quæ Episcoporum iuris sunt Episcopis ipsis subtrahuntur.* Taxant ainsi le Pape qui les en exempte, non seulement d'iniustice, mais encore d'attentat contre Dieu, de dispenser en ce qui est du droit diuin, & par vne mesme consequence, faisant passer pour nulles toutes les exemptions qu'il donne aux Chanoines & aux Chapitres.

pag. 546.

Il est iniurieux à la memoire du Pape Zozime, le taxant d'auoir iniustement diffamé deux Euesques, *Herotam & Lazarum ab eo iniusté infamatos.*

pag. 14. ad mon. ad Lector.

quoy que les bons Autheurs asseurent que ce fut vne pure surprise, & qu'ils l'exemptent en cela de toute iniustice comme de tout peché.

Quelques propositions contre les Euesques.

Il enseigne au grand mespris de l'Estat Episcopal, Que les Euesques qui sont esleus & non encore consacrées, ne sont pas de la Hierarchie, sinon *imperfecte, inchoate & incomplete*, qui est n'en estre pas proprement, mais seulement indirectement, & par rapport: voire mesme du principe qu'il auance le chef de la Hierarchie Ecclesiastique, qui n'auroit que la Iurisdiction, ne seroit pas de ce corps, d'vne façon plus parfaite, car il veut que celuy-la seul, soit mis dans la Hierarchie, qui à l'vne & l'autre puissance de Iurisdict. & d'ordre : *Solum illum in Hierarchia esse qui habet potestatem ordinis & iurisdictionis simul altera tantum præditum tantum imperfecte, inchoate, atque ex parte.* pag. 38.

Il explique d'vne façon dangereuse, le passage de sainct Hierosme tou- pag. 197.

chant le rang que les Euesques tiennent par deſſus les ſimples Preſtres, car il enseigne, *Diuina diſpoſitione per ſe intenta nullam eſſe authoritatē Epiſcopi, ſupra Presbiterum, ſed omnes Eccleſiā, in cōmune regere debere.* Qu'eu eſgard preciſement à l'ordre de la divine diſpoſition, l'Euesque n'a point plus d'authorité que le Preſtre, mais que tous doiuēt ſans diſtinctiō gouuerner l'Egliſe, adiouſtāt en ſuitte que c'eſt ſeulemēt *ex ſuppoſitione peccati, ac diſſentione*, ſuppoſé le peché & la diuiſiō qui en pourroiēt naiſtre, que les Apoſtres ont ordōné que l'vn fut preferé à l'autre, *Quam prælationem licet à Deo, eam tamē potius habent à conſuetudine & traditione Apoſtolica quā à diuina volūtate abſoluta & per ſe intēta ab eo diſpoſitione.* Et apres pour s'applaudir luy meſme, d'vne ſi belle doctrine, il l'appelle *tres Catholique.* Or qui ne voit qu'elle tend à la ruine de l'Egliſe, & à y eſtablir vne Ariſtogratie, comme ſi la premiere & principale intention de Dieu, n'auoit pas eſté de donner meſme à chaque Egliſe particuliere vn ſouuerain, à qui les autres fuſſent ſuiets; & comme ſi cela eſtoit immediatement party de

l'inuenl'inuention des Apostres, pluſtoſt que de Ieſus Chriſt.

Il égale preſque les Curez aux E- *pag. 574.*
ueſques, diſant que ceux qu'on appel-
loit jadis *Chorepiſcopi*, & que le *Concile de Neoceſaree* honore tant, que de les
nommer *Conſacerdotes & comminiſtros
Epiſcoporum* n'eſtoient autres que les
Curez.

Il maintient que les Diacres, *ſunt* *pag. 435.*
*veluti cauſæ principales actionum mini-
ſterialium*, ſont cõme les cauſes principales des actions miniſteriales, qui eſt
rauit aux Eueſques, ce qui leur eſt
propre, la vertu principale en l'operation des Miniſteres, leur appartenant priuatiuement à tout autre.

Quelques Iniures, Mediſances & Calomnies, contre les Reli- gieux.

On peut dire que tout ſon Liure n'a
point d'autre but que d'auillir l'Eſtat
Religieux, de le rendre odieux, & de
le decrier auprés de tout le monde, &
qui en auroit ſeparé les iniures, les calomnies, & les inuectiues qu'il fait
contre eux en general, & en particu-

K

lier, à peine y resteroit il la centiesme partie.

Il preuue dans toute la page, que les Religieux ont tousiours esté, & sont encore les autheurs & fauteurs de toutes les heresies, *ab eo tempore quo Monachi in clerum asciti sunt, nulla feré hæresis Ecclesiam Dei deuastauit quæ non Monachos vel authores, vel fautores habuerit*, & en vn autre endroit il dit: *postquam altas in Ecclesia Monachatus* (ce mot luy plaist, & il s'en sert quasi tousiours, parce qu'il est auiourd'huy dans le mespris) *Radices egit, multos etiam inobedientes & contumaces habere cæpisse*. Et en vn autre endroit, il appreĥede qu'ils ne deuiennent encore maintenant Schismatiques, si on les veut priuer du Sacerdoce & des fonctions Hierarchiques: *Inobedientiæ & schismatis occasio in Religiosis oriri potest si quando à Sacerdotio vel functionibus Hierarchicis remoueatur, quæ a diminon posse causabuntur & repulsi. Hierarchica tamē munia sine legitima missione vsurpabunt, sicut proh dolor! multos iam scimus à casuum omnium reseruatione absoluere*. En quoy paroist, & la mauuaise opinion qu'il a deux, & sa malice de l

Pag. 52 admon. ad Lecto.

calomnier d'absoudre des cas reseruez sans en auoir le pouuoir.

Il dit que les Religieux sont en cela semblables aux Propheres, qu'ils sont tirez *ex fæce populi*, de la lie du peuple, pour venir par fois extraordinairement au secours de l'Eglise: en quoy il a bonne grace, luy dis-je qui par le moyen des Religieux & de leurs bons amis a esté tiré du neant & de la misere, ou la naissance l'auoit reduit. pag. 424.

Il blasme les Euesques qui ont quitté leurs Eueschez pour se faire Religieux.

Sous pretexte de defendre la dignité des Euesques, & la Censure de Sorbonne, côtre quelques liures Anglois, qu'il impute à des Religieux, il n'y a mal imaginable qu'il n'en dise à tout propos, sans auoir esgard que ce sont eux qui hazardent iournellement leur vie pour la defense de la Foy; & il a bien cette malice d'étendre en suitte ses medisances & ses calomnies sur tous les Religieux. pag. 619.

Il dit qu'ils sont semblables à des Brigans, des Voleurs de nuict, & des Larrons qui pillent les maisons, *sim*

K ij

pag. 54 admon ad Lector.   les furibus nocturnis & grassatoribus aut domorum spoliatoribus.

Il adiouste qu'ils sont semblables aux hypocrites qui font passer par le crible le moucheron, & qui deuorent le chameau *similes hypocritis excolantes culicem & Camelum glutientes.*

Ibid.

Il asseure qu'ils couurent leur mauuaise doctrine de la belle apparence de leur profession, *Regularis vitæ statum in erroris sui patrocinium prætendere.*

Ibid. Pag. 52.

Il maintient qu'ils ont pour conseils Euangeliques, *Eorum qui secum non sentiunt famam lædere, violare, & extinguere si possint,* de blesser la reputation, de rauir & d'éteindre la renommée de ceux qui ne suiuent pas leurs opinions.

Ibid. pag. 14.

Il veut qu'on croye qu'ils sont *odio & furore pleni, quid quid Sycophantiarum & contumeliarum, quid quid impuræ maledicetiæ & obtrectationis olim ex Inferni Barothro emersit in Episcopos, in Sacerdotes coniicere soliti,* remplis de hayne & de fureur; & qu'ils ont coustume de vomir contre les Euesques & les Prestres toutes les plus noires medisances & detractions qui soient

Ib. ind. pag.

iamais sorties du goufre d'Enfer.

Il les appelle *Dæmonium Meridianũ*, Demon du Midy, *Calumniatores*, il dit d'eux *operari minysterium iniquitatis calomniateurs*, qui operent comme fera l'Antechrist le ministere d'iniquité. *Ibid pa. 22 & 23.*

Il les nomme *Procaces, & temerarios, Spumare rabiem*: petulans temeraires, & qui escument de Rage. *Ibid. pag. 40.*

Il les appelle par derision, *Monachulos, monachuli vnius aut aut alterius furiatem mentem*, l'esprit endiablé, d'vn ou deux Moinichons: & souuent il les compare aux heretiques. *Ibid. pag. 63.*

Il dit que le dessein des Religieux est; que ne pouuant estre Euesques, ils rendent les Prestres égaux aux Euesques: afin qu'ayant aboly par ce moyẽ toute l'obeissance & le respect qui est deu à la puissance Pastorale, tous les Chrestiens viennent à releuer de leur authorité: *Operam dant vt quia Episcopi esse non possunt, Presbiteri æquentur Episcopis vt abolito pastoralis potestatis obsequio, plebs, omnis Christiana in eorum se potestatem dedat.* *Ibid. p. 159.*

Il maintient que les Religieux ne peuuent produire aucun Canon ou *pag. 491. & 492.*

Decret des Papes, par lequel il conste *Sacerdotium ijs debitum esse*, que le Sacerdoce leur soit deu : sans prendre garde, tant il est transporté de passion, que par cette mesme raison, il en faudroit priuer tous les Clercs seculiers, à la reserue de ceux qui à raison de leurs offices ont charge d'ames.

Ie laisse vne infinité d'autres propositions du mesme Liure, aussi damnables que celles que i'ay rapportées, afin de n'entreprendre point sur le dessein de quelque personne qui veut en faire vn recueil plus exact, pour le ioindre à toutes les Erreurs, Ignorances, Impietez, Heresies, & Calomnies, qui sont dans le liure qu'à depuis composé le mesme Hallier, *De sacris ordinationibus*. Seulement i'ioûteray qu'apres vne si estrange & si detestable doctrine, dont il ne pourra iamais produire pour defenseur que des Schismatiques, des Heretiques & des Libertins, encore se veut il mesler de poursuiure la Censure des Autheurs Pieux & Catholiques, qui aymeroient mieux mille fois mourir que d'auoir approché tant soit peu de la moindre de ſes Erreurs. C'eſt ce qui m'oblige de ſupplier tres-humblement Monſeigneur le Cardinal Nonce, & Meſſieurs les Prelats, auprés deſquels, il employe ſes artifices pour calomnier les Liures des gens de bien, & des plus grands Perſonnages du Temps ; de reprimer l'Effronterie, & l'inſolence de ce Docteur, lequel ayant des poutres entieres dedans les yeux ; ſe meſle de deſcouurir les pailles & les atomes des autres, & eſtant accablé du faix de ſes Impietez, de ſes Hereſies, & de ſes Ignorances, veut nonobſtant qu'on croye, qu'il s'occupe à ſouſtenir, & à defendre l'Egliſe.

FIN.

SECONDE PARTIE
IGNORANCES DV LIBELLE
INTITVLE'
LA THEOLOGIE MORALE
DES IESVITES.

Page 19. Ignorances.

IAcques Sirmond a voulu ruiner le Sacrement de confirmation, quant à sa substance. Car il a enseigné dans ses deux Antirrhetiques côtre tous les autres Theologiens, Que l'Onction du Chresme n'est point de l'essence de la Confirmation.

Sirmond là duobus Antir.

Auerées.

Alleguant vn homme si venerable que le P. Sirmond, la ciuilité de nostre langue vous obligeoit de le nommer autrement que par son seul nom : Arnauld, il est bien Pere pour vous, & le feu Roy luy a fait long-temps cet honneur, de l'appeller le sien : mais voicy que d'vne grande inciuilité, qui vous est ordinaire à l'endroit des Iesuites, vous tombé, en suite en vne extreme impudence, d'oser dire d'vn si grand personnage, & qui a tant seruy l'Eglise, qu'il a voulu ruiner le Sacrement de Confirmation quand à la substance. Il y a de grands hommes qui ont leu ses Antirrhetiques auec d'autres yeux que vous, & qui en ont

Autheurs non Iesuites de cette opinion.

A

fait aussi vn meilleur iugement. Demandez à Monsieur le Theologal, & à Monsieur Pereret, ce qu'ils pensent de l'opinion qu'il y auance, & vous sçaurez que tous les Theologiens ne la reiettent pas, & qu'on a publiquement soustenu des Theses à Nauarre qui disoient, *non est exploratum Chrismationem esse de essentia Sacramenti Confirmationis*. Et pour vous alleguer des tesmoignages plus anciens tirés de vostre mesme faculté, Aureolus in quatre distin. 7. question 1. enseigné en termes exprés la mesme doctrine. *Aliquid potest esse dupliciter de substantia alterius, vno modo de necessitate intrinsecè, quo corrupto aliud necesse est corrumpi : alio modo quo ad bene esse, quo corrupto non necesse est totum corrumpi, licet remaneat imperfectum, dico quod de essentia Sacramenti Confirmationis primo modo, sunt tactus, & prolatio aliqua verborum : sed Chrisma est de substantia huius Sacramenti tantum secundo modo, sicut Manus est de substantia hominis ; Nam sicut homo carens manu, est quidem homo, tamen non integer ; ita in Confirmatione, si non adhibeatur Chrisma, est quidem Sacramentum non tamen integrum ; ideo ad integritatem Sacramenti oportet quod suppleatur Chrisma.* & Ioannes de Vitriaco aussi Docteur de Paris, en son Histoire Occidentale chap. 37. comme aussi au Sermon in Vigil. Pentecostes, dit, *Confirmatio solebat dari in Primitiua Ecclesia per solam manus impositionem, nunc autem propter Sacramenti reuerentiam istud solennius efficitur hodie enim ad hoc quod sit Sacramentum Confirmationis, fit sancti Chrismatis in fronte inunctio.* Et si vous voulez encore apres ces tesmoins domestiques, qui vous deuroient estre plus cognus qu'à moy, que i'en produise d'estrangers; en voicy deux qui ont assisté au Concile de Trente, Martinus Peresius, Aiala Episcopus Guidixiensis, sum. de diuinis traditionibus parte 3. consideratione 11. *Dicendum videtur substantiam Sacramenti Confirmationis potissimum in impositione manuum consistere quæ non nisi à magnis Presbyteris hoc est Episcopis fieri potest; nam quantum ad vnguenti delibutionem non videtur quin à Presbyteris possit confici.* Le second c'est Melchior Canus libro de locis Theolog. cap. octauo. *Si nunc de esset balsamum, Confirmationis Sacramentum manu solùm imposita conficeretur, vt ætate Apostolorum à principio statim fieri consueuit,* &c. Apres quoy oserez-vous encor dire, que c'est *contre tous les Theologiens,* que le P. Sirmond a aduancé cette opinion? puisque ce n'est, comme vous voyez, ny contre tous les Anciens, ny contre tous les nouueaux.

A ij

4

Aucrées.

Autheurs Iesuites de contraire opinion.

Tous les Iesuites qui ont iusques icy escrit du Sacrement de Confirmation sont de contraire sentiment au P. Sirmond.

Page 1. Ignorances.

Tous leurs Casuistes Vasques, Valentia, Henriques, &c.

Il n'y a presque plus rien qu'ils ne permettent aux Chrestiens, en reduisant toutes choses en probabilités, & enseignant Qu'on peut quitter la plus probable opinion que l'on croit vraye, pour suiure la moins probable, & soustenant en suitte qu'vne opinion est probable aussi-tost que deux Docteurs l'enseignent, voire mesme vn seul.

Aucrées.

Autheurs non Iesuites de cette opinion.

Les Iesuites n'ont pas encor tout permis aux Chrestiens, car au moins les obligent-ils à demeurer dans la creance de l'Eglise, & ne souffrent point qu'ils s'en despartent pour aller grossir le party qui se forme contre-elle & acroistre le schisme qu'a commencé l'Abbé de S. Syran, & qu'Arnauld fomente visiblement au scandale de tout Paris, & à la ruine des consciences. I'adiouste que les libertins nont pas coustume de s'adresser à eux; pour en auoir meilleur marché que des autres : & on remarque que ceux qui se conduisent par leur aduis & suiuent leurs cõseils, ne sont pas d'ordinaires les pires. Mais les deux preuues de cette accusation sont ridicules, & marquent vne grossiere ignorance, & vne grande malice au sieur Arnauld: tous les Theologiens non Iesuites, ou presque tous, conuenant également en ces deux points auec les deux ou trois Autheurs Iesuites qu'il reprend. Et quoy qu'il soit difficile d'en trouuer parmy les Theologiens qui soient de côtraire sentiment, ie gage qu'il y aura tousiours deux Iesuites pour vn des autres. Si Arnauld entendoit ce qu'on appelle en l'escholle opinion probable, il ne s'estonneroit pas que ces Autheurs enseignent, qu'on peut en côscience laisser la plus probable, pour suiure la moins probable, toujours neātmoins auec cette restriction, *Tant que l'Eglise ne determinera point le contraire*, *& que cette opinion ne sera point reiettée de l'eschole*. Et s'il sçauoit que ce Docteur, ou ces deux Docteurs, doiuent estre fort gens de bien & de grande capacité, il ne blasmeroit pas ce qu'enseigne presque toute l'échole, qu'vne opinion deuient probable quād elle est apuyée d'vn ou deux de ces Docteurs. De la premiere de ces opinions est S. Thomas *in quodlibet*, chez Syluest. v. opinio. M. Duual to.1. p.115. lequel cite encore Medina & Nauarre. M. Degamaches 1.2 q. p.155. qui cite les mémes

A iij

Gerson de præp.ad missam. Diana par. 2. tr. 13. ref. 1. & il cite Bannes, Villalobos, Malderus, Sancius, Lorca & plus de 20. autres. De là seconde opinion S. Thom. *quodlibet*. 3. A. 10. où il y a ces paroles, *In agendo dicendoque sequi posse singulos quæ dici aut fieri posse didicere à Magistro suo*. Angelus v. opinio. n. 2. Nauar. c. 27. n. 288. Syluester v. opinio. Bonacina de peccatis, & presque tous.

Auereés.

Autheurs Iesuites de contraire opinion. Les Iesuites suiuans, Comitolus l. 5. resp. q. 15. Bresserus c. 3. & 4. nu. 51. &c. estiment qu'on ne peut pas suiure l'opinion la moins probable principalement en matiere de Sacremens. Layman, Sanchez, Filliuc, Iannerus, Beccan, & plusieurs autres estiment qu'vn Iuge ne peut pas suiure la moins probable. Bresserus l. 3. *de conscientia probabili*, dit, qu'vn seul Docteur ne suffit pas, pour rendre vne opinion probable, & il y en a encore quelques autres de mesme sentiment parmy eux.

Page 1. Ignorances.

Bauny Som. des Pechez p. 906. ed. 5. Il n'y a presque personne qui ne puisse trouuer des excuses à ses crimes, si l'on admet les conditions qu'ils maintiennent estre necessaires, afin qu'vne action soit mortelle, ne voulant pas qu'elle le puisse estre. *Si elle ne procede d'homme, qui voye, qui* sçache, qui penetre ce qu'il y a de bien & de mal en elle. Et soustenant Qu'auant cette perquisition, cette veuë & cette reflexion de l'esprit dessus les qualitez bonnes ou mauuaises de la chose à laquelle on s'occupe, l'action auec laquelle on l'a fait n'est pas volontaire.

Aucrées.

Plût à Dieu que ne receuant autres cōditions que celles que les Iesuites maintinēt estre necessaires pour vn peché mortel, il n'y eut presque personne qui ne trouuât en suite des excuses à ses crimes, le monde seroit en meilleur estat qu'il n'est pas : & c'est vne chose que nous ne deuons pas esperer si tost du malheur du siecle, & que le libertinage où conduit vostre nouuel Euangile, reculera pour long-temps. Pour estre de l'auis du P. Bauny, que vous reprenez, il ne faut sçauoir autre chose, sinon que *voluntarium debet esse à principio cognoscente singula in quibus est actio*: car le peché deuant estre volontaire, & le mortel demandant vne pleine liberté, ie vous laisse à tirer la conclusion. Escriuant cecy, i'ay deuant mes yeux vne chese soustenuë en Sorbonne l'an 1640. le 3 d'Octobre, par vn nommé Pierre Bunot, Monsieur Morel President, approuuée par M. Forget pour lors Syndic & Curé de S. Nicolas du Chardonet,

Autheurs non Iesuites de cette opinion.

A iiij

où sont ces termes. *Ad omne peccatum prærequiritur expressa cognitio malitiæ moralis, vel expressa dubitatio ne actui eliciendo talis malitia moralis inexistat. Aduertentia tantum imperfecta non sufficit ad peccatum mortale, licet aliunde materia grauis sit.* On voit bien que vous visez à establir *le Iansenisme*, ou plutost *le Caluinisme*, l'vn & l'autre enseignant qu'on peut pecher sans liberté, & que l'ignorance inuincible n'excuse point de peché. De l'opinion que vous blasmez sont vniuersellement tous les Scholastiques apres saint Augustin l. 3. de lib. Arbitrio & ailleurs. saint Thom. q. 15. de veritate A. 6. saint Bonau. 2. p. d. 24. Alexander 2. p. q. 125. S. Antonin. 2. p. tit. 5. Gerson Alph. 3. Adrian. question quatre de Euch. Duuallius tractatu de peccatis q. 5. A. 4. pag. 178. *oportet vt ratio plenè & perfectè aduertat, quia si solum imperfectè aduerteret non nisi peccatum veniale reperiretur.* & tous les autres disent le mesme à la reserue de Caluin, Iansenius, saint Syran, & leurs semblables.

Bauny som. des pechez dern. edit.

Page 3. Ignorances.

Ils ont ruiné, autant qu'ils ont pû, l'obligation que les Pecheurs ont de se separer des occasions prochaines du peché; Et sur cela Bauny enseigne, que ce n'est pas vne occasion de peché qu'on soit obligé de quitter, *Que d'auoir vne femme chez soy auec qui on peche vne ou deux fois le mois.*

Auerées.

De cete opinion que vous attribuez au P. Bauny, vous tirez à vostre ordinaire vne consequence pour les Iesuites, quoy que la pluspart ne soient pas de son auis, & tous ceux qui en sont, tant Iesuites que non Iesuites, ne pensent pas pour cela *ruiner l'obligation de quitter vne occasion de peché.* Si vous y laissez ce que vous en auez soustrait malicieusement, *qu'on ne s'en puisse separer sans en receuoir vn notable preiudice, & qu'allant à confesse, on soit veritablement repentant de son peché,* il la recognoistra pour sienne, & aura pour garant Nauarre, lequel dit des choses à ce suiet, que si le P. Bauny auoit escrit, bon Dieu que n'en diriez-vous pas? ce seroit bien pour lors qu'Hallier penseroit auoir raison de luy appliquer tout de bon, comme il fait par fois par raillerie qui tient de l'impieté, lors qu'il leuoit ces paroles de l'Escriture, *ecce qui tollit peccatum mundi.* C'est à mon grand regret qu'il faut que i'en donne cognoissance à tout le monde, vous m'y obligez, puisque ie ne puis autrement defendre l'innocence que vous opprimez publiquement. Cet Autheur donc cap. 3. n. 10. *de vitanda occasione,*

_{Autheurs non Iesuites de cette opinion.}

dit qu'on peut absoudre les femmes après toutes leurs recheutés, *Quia non semel aut septies, sed septuagies septies est parcendum; & quotidie absoluimus multos qui quotannis recidunt, & quia recidere non est necessarium argumentum ad iudicandum pœnitentiam præsentem vel præteritam, non fuisse aut non esse veram.* Et apres il adiouste, *etiam si quotidie mulier hospites excipiens peccet,* il la faut absoudre pourueu qu'elle ayt volonté de s'amender, *quia nulla est ratio, nullus textus qui probet allam cautionem esse præstandam præter voluntatem præsentem.* Et Celestin tr. de Sacram. pœn. cap. 20. *potess absolui, cum non est assiduitas peccandi cum illa cum qua domi cohabitat, vt si bis in mense, nam sic posset peccare cum extranea.* Ie croy que c'est à se Casuiste que vous en voulez au chapitre 36. de la seconde partie de vostre liure de la frequente communion; car vous en rapportez ces mesmes termes en François; mais possible l'aurez-vous encore pris pour vn Iesuite, comme il vous est arriué souuent, à cause du trouble que la passion excite dans vostre esprit. Il y en a encores d'autres de leurs aduis, comme Graffius liure 1. decis. cap. 28. num. 10. & suiuants. Suncius select. disp. 10. num. 16. Viuald. in candel. tit. de absoluti. §. casus, n 4.3. Diana 1. p. tr. 17. res. 47. &c.

Aucrées.

Comitol. l. 1. q. 140. Henriques l. 4. c. 24. num. 4. Suares 3. par. to. 4. disp. 32. sect. 2. Tolet l. 3. dif. 28. n. 3. Reginal. to. 2. l. 18. n. 87. Delrius l. 1. disquis. c. 5. q. 4. & autres Iesuites sont de contraire opinion. *Autheurs Iesuites de contraire opinion.*

Page 3. Ignorances.

Il enseigne au mesme lieu, que de ieunes gens qui se corrompent auec des femmes, ne sont pas obligez de quitter leur conuersation, s'ils ne le peuuent faire sans donner occasion au monde de parler, ou sans en receuoir de l'incommodité.

Aucrées.

La passion & l'animosité transporte tellement Arnauld, que ces ignorances mesmes sont tousiours meslées d'impostures & de calomnies, & il est mal-aisé que nous les puissions iamais separer: il y a 1°. de la supposition en ce mot *de ieunes gens* qui ne se retrouue point chez le P. Bauny, lequel parle en general de tous ceux *qui en leur trafic, leur commerce, ou leurs discours sont obligez de traitter auec des filles & des femmes*. 2°. il y a de l'imposture en ces termes, *qui se corrompent*, car outre que l'Autheur ne s'en sert point, il parle de tous ceux qui sont dans le danger pour semblable necessité, & à cette occasion tombent dans le peché. 3°. il y a *Autheurs non Iesuites de cette opinion.*

encore de la mauuaise foy en ce mot de *receuoir de l'incommodité*, le Pere expliquant fort exactement combien grande doit être cette incommodité. Tout le reste que reprend Arnauld est ignorance, comme il est manifeste par la multitude des bons Autheurs, qui sont du sentiment du P. Bauny. Ludouic de Beia to. 1. n. 5. Nauar. c. 3. Man. n. 17. Graffius l. 1. c. 28. n. 21. & autres que rapportent lesdits Autheurs qui sont les mêmes que nous auons alleguès cy-deuant.

Auerées.

Autheurs Iesuites de contraire opinion.

Les mesmes Autheurs Iesuites alleguez contre la precedente sont aussi contre celle-cy.

Page 4. Ignorances.

Ibidem.

Enfin le mesme Autheur soustient generalement, *Que le precepte d'euiter ce qui alleche l'homme au vice, pour en estre l'occasion quasi certaine, ne nous oblige qu'à ne rechercher pas de gayeté de cœur ce qui porte au peché.*

Auerées

Autheurs non Iesuites de cette opinion.

Il y a de la mauuaise foy 1°. en ce qu'Arnauld a retranché malicieusement le mot *& sans necessité*, qui suit dans le P. Bauny celuy de *gayeté de cœur*, & s'entend ainsi que ledit Pere l'explique amplement, d'vne grande incommodité, soit en l'honneur, soit aux biens. 2°. en ce qu'Arnauld luy fait dire absolument, ce qu'il ne dit que sous condition du précepte negatif, ou affirmatif. Le reste de la doctrine est probable pour les mesmes raisons & authoritez que les deux remarques precedentes.

Auerées.

Les mesmes Autheurs Iesuites qui ont esté contraires aux precedentes opinions, le sont à celle-cy. *Autheurs Iesuites de contraire opinion.*

Page 4. Ignorances.

Ils ne trouuent aucun peché à vne femme qui se pare auec vne curiosité excessiue, *Encore qu'elle ait cognoissance du mauuais effet que sa diligence à se parer opereroit, & au corps & en l'ame de ceux qui la contempleroient ornée de riches & precieux habits, pourueu qu'elle n'ait pas formellement intention de les porter au mal.* Mesprisant ainsi les Oracles des deux Princes des Apostres, qui defendent si expressément aux femmes Chrestiennes de rechercher ces vains ornemens. *Bauny Som. des pechez 1093. edit. 6. Sanchez en sa Som. to. 1. l. 1. c. 63. 1. Timot. 2. & 1. Pet. 3. n. 3.*

Auerées

Ce n'est que des femmes mariées que parle le P. Bauny que vous citez, & non des femmes en general, comme vous luy imposez: & les deux Iesuites ne disent pas qu'il n'y ait aucun peché, mais qu'il n'y a point de peché mortel. Si la sentence vous déplaist, que ne vous ne prenez vous aussi bié à Dia- *Autheurs non Iesuites de cette opinion.*

na & à Lorca, que vous faites au P. Bauny, & à Sanchez? puis que vous ne sçauriez rapporter cōme vous faites, leurs paroles, que vous n'ayez rencontré dans leurs escrits les noms de ces deux Autheurs, citez pour la mesme opinion: c'est sans doute, qu'ils ne sont pas Iesuites, & que ce n'est pas tant aux sentimens, qu'aux personnes des Iesuites que vous en voulez. Tout ce que recōmandēt les Apostres, n'est pas de cōmandemēt, & puis, où trouuerez-vous que ce soit aux femmes mariées qu'ils defendent ces ornemens, & qu'ils les defendent sous peine de peché mortel. Outre les deux alleguez en faueur de cette opinion, il y en a d'autres, qu'ils citent comme Caiet. 2. 2. q. 73. 48. Bonacin. &c. qui apportent cette raison. *Quod taliter se adornando vtantur iure suo, & ea occasio potius ex propria adamantis turpiter malitia sit accepta quam à muliere data.*

Auerées.

Autheurs Iesuites de contrairc opinion. Sanchez in Decal. l. 1. c. 7. Valent. 2. 2. disp. 5. q. 20.

Azor Iesuite to. 2. instit. moral. l. 12. c. vlt. q. 11. rapporté par Sanchez est de contraire auis, &c.

Page 5. Ignorances.

Ils enseignent qu'vne personne peut en conscience loüer sa maison pour en faire vn lieu de desbauche, sans mesme auoir aucune raison qui luy puisse seruir d'excuse, *etiam nullâ iustâ causâ excusante.*

Auerées.

Il n'est point de Casuite au monde qui enseigne qu'on puisse auoir cette fin loüant sa maison, qu'elle serue de lieu de desbauche, & vous estes vn malheureux sycopháte d'en accuser les deux Iesuites que vous nommez. Sanchez au lieu que vous marquez n. 13. dit expressement apres Valentia. *Dicendum licere quæcumque indifferentia vendere, aut obsequia indifferentia exhibere quamuis constet alterum abusurum, dummodo desit intentio cooperandi ad malum alterius & adsit causa proportionata excusans.* Il est vray que pour le loüage d'vne maison, ces deux Autheurs estiment, auec d'autres que ie citeray maintenant, que pourueu qu'on n'aye pas cette intention ; & que d'ailleurs il n'arriue point que personne pour la circonstance du lieu, vienne à pecher, qui autrement ne pecheroit pas ; & que les femmes voisines n'en reçoiuent aucun preiudice ; ils estiment dis-je qu'auec toutes ces restrictions ; qu'Arnauld n'auoit garde de produire, vn homme peut loüer sa maison à vn vsurier, ou à vne femme desbauchée, *Etiam nullâ iustâ causâ excusante, quia,* disent-ils, *multum inter materiam, & locum interest, illa enim intrinsecè pertinet ad peccatum, & proxime se habet ad*

Autheurs non Iesuites de cette opinion.

illud sumiturque ex illâ occasio peccati, & ideò causâ excusante opus est, vt illa quamuis indifferens ex se sit, licite ministretur: locus verò se omninò extrinsecè ad peccatum habet nec ex eo propriè occasionem peccandi homines sumunt; sicut & aëre, cibis, & aliis ad vitam necessariis abutuntur, quæ tamen illis dare absque causa excusante licet.

De cete opinion sont Ludo. de Beia p. 1. casu 27. *Parce que*, dit-il, *le loüage d'vne maison de sa nature ne se rapporte point au mal, & la cognoissance qu'on a du mauuais vsage qui s'en fera, ne le rend pas volontaire au regard de celuy qui la loüe.* Salonius 2. 2. q. 77. A. q. controuers. 6. Graffius l. 1. p. 1. casu 28. n. 20. Marull. tr. 1. d. 2. c. 4. Diana p. 1. tract. 8. resol. 41. qui dit mesme, *Qu'il est permis de loüer des maisons aux femmes publiques, encore qu'elles doiuent peruertir les honnestes femmes, pourueu qu'en cela il y ait ou de la necessité, ou quelque vtilité qui ait de la proportion à la qualité du peché.*

Auerées.

Reginaldus Iesuite to. 2. l. 25. c. 38. n. 5. 506. & alibi. *on peche en cela*, dit-il, *non pas à raison que l'on coopere au peché de la femme desbauchée, laquelle ne peche que par sa malice: mais entant que l'on coopere à la ruine du prochain, ce qui est vn peché contre la charité.*

Autheurs Iesuites de contraire opinion.

Ignoran-

Page 9. Ignorances.

Bauny dit, Que l'Enuie n'est pas vn peché mortel, quand elle est conceuë pour le bien temporel du Prochain, & la raison qu'il en rapporte est tres-dangereuse, & va aussi bien à excuser le Larcin, que l'Enuie: Car, dit-il, *le bien qui se trouue és choses temporelles est si mince & de si peu de consequence pour le Ciel, qu'il est de nulle consideration deuant Dieu & ses Saints.* Et cependant c'est pour ce bien temporel, de nulle consideration, qu'il permet le Macquerelage, *propter temporalem commoditatem,* & qu'il souffre que des personnes demeurent dans des occasions prochaines de peché, lors qu'ils n'en peuuent sortir *sans en receuoir de l'incommodité.*

<small>Bauni Som. des Pechez p 123 cd 5.</small>

Auerées.

L'Enuie que vous portez aux Iesuites, estant conceuë pour le bien spirituel de science & de vertu, qui les releue si fort au dessus de vous, & les rend si considerables dans l'Eglise, ne sera iamais excusée de peché mortel, comme celle qui n'est conceuë que pour le bien temporel du prochain : le Pere Bauny ayant de bons autheurs & de bonnes raisons pour excuser celle-cy, & personne n'en pouuant produire en faueur de l'autre. Les Autheurs du Pere sont principalement Caietan 1.2. q 36. A 2. *si zelus*

<small>Autheurs non Iesuites de cette opinion.</small>

B

sit circa temporalia. Sylueſter v. inuidia nu. 2. *poteſt eſſe cum peccato vel ſine eo, &c.* Nauar. c. 23. num. 118. dit, *triſtari eo quod non ſunt ei tanta bona temporaria quanta alijs ob finem venialem, eſt veniale tantum, & triſtari ob bonum, virtus.* S. Thom. 2. 2. queſt. 36. art. 2. vous monſtrez bien voſtre ignorance, reprenant ſi mal à propos la raiſon qu'il en allegue: car quel rapport y a-il, entre le tort qu'on fait à vn homme luy deſrobant ſon bien, & le deſplaiſir qu'on a de le voir riche? l'enuieux ne nuit qu'à ſoy-meſme par ſon enuie, & le larron nuit à vn autre par ſon larcin: ainſi le bien temporel à cauſe qu'il eſt *mince* de ſa nature excuſe l'enuieux; & n'excuſe pas le larron, qui en le rauiſſant fait tort à ſon prochain. Le reſte que vous adiouſtez, n'eſt qu'vne infame calomnie, comme nous vous auons fait voir auparauant; & le mot de *Maquerelage* n'a iamais ſoüillé la plume de ceux à qui vous l'impoſez, mais ſeulement voſtre bouche & voſtre conſcience.

Aucreés.

Autheurs Ieſuites de contraire opinion. Le meſme Reginaldus Ieſuite l. 7. cap. 6. nombre 68. enſeigne auec d'autre Ieſuites que l'enuie conceuë meſme pour le bien temporel eſt peché mortel.

Page 11. Ignorances.

Vaſq. lib. 3. Vaſquez dit, qu'on peut adorer, non

seulement les Images, mais aussi toutes les creatures mesmes inanimées, comme representans Dieu.

de Ador. disp. 1 c. 2.

Auerces.

Il y en a bien d'autres qui tiennent cette opinion que Vasquez, lequel ne l'a enseignée qu'auec cette restriction, que vous obmettez à dessein; pourueu que l'adoration ne soit publique, de peur que de là l'on ne prenne occasion d'idolatrer : & c'est auiourd'huy la sentence la plus commune dans les Vniuersitez. Caietan l'a enseignée en la 2.2. quest. 103. art. 3. ad 4. Leontius au 5. Dialogue contre les Iuifs, rapporté au 7. Synode act. 4. Sainct Leon serm. 1. de la Natiuité. Vostre ignorance paroist en la raison que vous faites alleguer à Vasquez, en faueur de sa sentence ; il estoit trop habille homme pour en vser, n'estant bonne que pour prouuer qu'on peut adorer les images, & non pour monstrer qu'on peut adorer toutes les creatures : c'est donc de celle-cy dont il se sert, *Cum qualibet res mundi sit opus Dei, & in ea Deus continuò sit & operetur, facilius in ea ipsum cogitare possumus quàm virum sanctum in veste quam habuit : tunc ergo nullo modo dignitatem ipsius rei creatæ attendentes, in solum Deum affectum nostrum intendere possumus, ipsi verò creaturæ signum & notam*

Autheurs non Iesuites de cette opinion.

submissionis osculo aut inclinatione præbere, nec inane est nec superstitiosum, sed eximiæ Religionis. Vne connoissance chasse l'autre, la nouvelle Theologie de sainct Syran vous a fait oublier l'ancienne.

Aucrées.

Fagundez l. 1. c. 32. n. 16. tient la contraire opinion, auec d'autres autheurs de la mesme Compagnie.

<small>Autheurs Iesuites de contraire opinion.</small>

Page 11. Ignorances.

Les prophanations du Seruice Diuin, ne sont en leur estime que des offenses legeres : & Bauny citant faussement Caietan est d'opinion, Que l'on peut sans peché mortel y chanter des chansons mondaines, pourueu qu'elles ne contiennent que de la vanité.

<small>Bauny Som. des Pechez p 6. edit 5.</small>

Aucrées.

Vous rapportez la chose à demy pour la rendre estrange, obmettant de mauuaise foy les restrictions de l'Autheur, qui parle ainsi, *Ce peché communément n'est que veniel, n'estoit qu'il y eust de l'excez, & qu'en suitte l'ordre estably en l'Eglise fust notablement changé.* Il a pour garans de son opinion Nauar. Ench. cap. 13. num. 87. Iolius Caluus q. 84. Armilla v. cantus n. 4. & v. organum num. vnico. & afin que vous voyez que le P. Bauny n'a point cité Caietan à faux, vous dis-je

<small>Autheurs non Iesuites de cette opinion.</small>

qui le reprenant de fausse citation, citez à mesme temps la 6. page de sa Somme pour la 5. voicy les propres termes de Caietan in sum. v. organorum vsus, *Excusandi sunt qui simplici corde credentes licere non turpia sed vana, quasi pro recreatione pulsare, pre eo quod vbique sic vident fieri, errauerunt, tales enim excusantur à tanto sed non à toto.* Samuel de Lublino de l'Ordre de saint Dominique, raconte à ce propos vne chose assez plaisante, & qui seruira à vous diuertir de vostre mauuaise humeur. *Hispanis in solemnioribus festis conducunt pretio masculos maurorum & fœminas vt ad sonitum fistulæ & tympani coram tremendo Eucharistiæ Sacramento, spectante vniuersa Ecclesia laruati choreas ducant, cantilenas prophanas misceant, quibus omnibus ipsi etiam Religiosi per obedientiam interesse iubentur, testor me talia sæpe Cordubæ vidisse.* A vostre auis, tous ceuxlà pechent-ils mortellement? Ie ne trouué aucun Casuiste qui soit en cette opinion contraire au P. Bauny.

Page 11. Ignorances.

Ils authorisent autant qu'ils peuuent les simonies palliées; & Emanuel Sa soustient, qu'on peut sans simonie permuter vn Benefice de peu de reuenu, contre vn plus grand, en suppléant la plus valeur en argent pour les égaler.

Eman. Sa, verbo simonia nu.

B iiij

Aucrées.

Autheurs non Iesuites de cette opinion.

Cette opinion iadis assez particuliere à Emanuel Sa, estoit fondée sur le Canon *ad quæstiones* qui parle ainsi, *cum de parœcialibus Ecclesiis per se queat commutatio celebrari, & in permutatione possessionum, per se non sit inhibitum, si altera ratione possessionum alteri præponderet, pecuniam posse refundi de ipsarum possessionibus ad inuicem prout visum fuerit expedire refusa certæ pecuniæ quantitate, poterit contractus permutationis iniri.* Du depuis neantmoins à raison du danger, elle a esté retranchée des œuures de cet Autheur, par le commandement de ses Superieurs; & c'est contre leur volonté qu'il y ait encore des exemplaires où elle se retrouue; lesquels quoy que fort rares, n'auoient garde d'eschaper à la diligence d'Arnauld en cette occasion.

Aucrées.

Authenrs Iesuites de contraire opinion.

Tous les Iesuites qui ont escrit de cette matiere, tiennent le contraire, entr'autres, Comitol. liu. 4. quest. 6. Less. liu. 2. cap. 35. Valerius liu. de restit. 10. cap. 27.

Page 11. Ignorances.

Bauny Som. des Pechez p. 95. ad 51.

Ils veulent que ces paroles de iuremens & blasphemes ordinaires, *Mort, Teste, Ventre, &c.* pourueu qu'elles ne soient prononcées que par cholere, & non par indignation enuers

Dieu, ne sont pas des blasphemes, parce qu'il est vray que Dieu s'estant fait homme, il a comme homme ces parties; & qu'ainsi ce n'est qu'vn peché veniel, & quand il est sans pariure & sans scandale: comme s'il se pouuoit faire que ces paroles d'impieté ne fussent pas scandaleuses.

Aucrées.

La malice, l'imposture, & l'ignorance sont tellement icy meslées, qu'il est mal-aisé de les demesler. La lecture des paroles du P. Bauny duquel il a tiré ce qu'il allegue, les fera recognoistre, *La troisiesme espece de blaspheme*, dit le Pere, *est lors qu'on nomme auec contumelie, opprobre & deshonneur, les saincts & tres-augustes membres du Fils de Dieu; ce qu'encore bien que ne semblent faire ceux qui s'en seruent en leur commun discours, comme d'ornements de langage, disant, Mort, Teste, Ventre, &c. si sont-ils toutefois coupables.* Quelques vns neantmoins tiennent qu'appeller ces parties par cholere & non par indignation enuers Dieu, n'est pas blaspheme, mais iurement, parce qu'en ces paroles, *on n'enonce rien de Dieu qui soit faux, puis qu'il est vray que Dieu s'estant fait homme, il a comme homme ces parties : c'est toutefois* dit l'Ayman *vn peché d'irreuerence contre Dieu, qui n'est* dit-il *que veniel, quand il est sans pariure, scandale, ou danger de iurer à faux.* Iugez par là Lecteur si c'est l'opi-

Autheurs non Iesuites de cette opinion.

nion du P. Bauny qui ne dit rien de foy : voyez si Arnauld a fait aucune mention des reſtrictions de l'Ayman : iugez ſi vn homme qui eſt tout ſeul, ou parmy ceux qui cognoiſſent ſes humeurs & ſes promptitudes, ne peut vſurper ces paroles ſans ſcandaliſer les autres. De cette opinion ſont Cajet. in ſum. v. blaſphemia n. 2. qui dit. *Scito quod dicere ad ſanguinem Dei : vel ad corpus Dei, ſiue inuocando per modum iurantis, ſiue reſonando in rixa aut turbatione contra aliquem, non eſt blaſphemia, quoniam poſtquam verbum caro factum eſt, Deus habet corpus & ſanguinem.* Graff. dec. l. 2. c. 14. n. 10. dit, que hors le meſpris & le ſcandale ce n'eſt que peché veniel. Nauar. c. 13. Enchir. n. 85. S. Thomas 2. 2. q. 13. A. 2. ad 3. S. Antonin 2. p. t. 10. c. 4. Tabiena v. iurare. Sylueſter v. iuramentum Angelus ead. 3. n. 12. & autres.

Auerées.

Autheurs Ieſuites de contraire opinion.

Les Ieſuites ſuiuans Tannerus in 2. 2. diſp. 1. q. 8. du 7. n. 141. Azorius to. 1. l. 11. c. 3. q. 3. & autres diſent que c'eſt peché mortel.

Page 13. Ignorances.

Le P. Heraut dans ſes eſcrits.

Le Profeſſeur en Theologie Morale du College de Clermont, a dit dans ſes Eſcrits, Qu'vne fille qui auroit eſté forcée, peut procurer la perte de ſon fruit auant qu'il ſoit animé.

Aucrées.

Qu'estoit-il besoin d'aller publier des matieres qu'on a mesme de la peine de traiter en l'eschole, tout le monde n'estant pas capable des choses que par fois les Maistres sont obligez de traiter, & les escholiers de sçauoir. Ce que ie dis, non pour la sentence que reprend Arnauld, laquelle est si particuliere à ce Pere parmy les Iesuites, qu'on deffie tout le monde d'en produire vn autre de la mesme compagnie qui l'ayt tenuë; mais à raison de la matiere, qui deuoit donner de la pudeur à Arnauld, & arrester vn peu son animosité, qui le porte hors des bornes de toute honesteté. Il ne laisse pas de se trouuer des Casuistes de la mesme opinion de celuy de Clermont, qui a creu se pouuoir mettre de leur party; entr'autres Yorreblanca l'enseigne ouuertement en plusieurs endroits de ses liures; & quoy que Pontius tienne l'opinion contraire, il asseure toutefois que la contraire est assez commune; ce que raportent aussi quelques autres, fondez sur ce que *ea cui vis illata est ius habet ad conseruandam famam, periculum autem famæ magni momenti æquiparatur periculo. vitæ ad cuius conseruationem cum ex multorum sententia possit mulier procurare abortum foetus nondum animati, poterit &*

<small>Autheurs non Iesuites de cette opinion.</small>

idem ea cui vis illata est ad honorem tuendum, raison disent-ils, qui n'a pas lieu en celle qui a consenty à son deshonneur, quia amisit ius ad conseruationem famæ.

Aurées.

Autheurs Iesuites de contraire opinion.

Tous les Iesuites qui ont traitté de cette matiere sont d'aduis contraire, entr'autres Sanchez, Delugo, Azor, Fagundez, &c.

Page 13. Ignorances.

Hurtado de Mendosa in 2.2.Tom.2. disp. 170 sect. 13. § 106.

Sous pretexte du faux honneur, ils authorisent l'vsage abominable des Duels, lors qu'on est appellé, & ne trouuent point de peché mortel de se mettre en estat de tuer ceux qui nous ont fait venir au combat, & mesme de les tuer effectiuement.

Aurées.

Autheurs non Iesuites de cette opinion.

Il n'y a Casuites qui soient plus contraires aux duels que ceux des Iesuites, & il ne s'en trouuera point dont la doctrine excuse iamais ceux-là qui se pratiquent maintenant. Si ie demandois à Arnauld, auez vous leu le liure de Hurtado que vous citez là dessus? il ne pourroit sans mentir respondre qu'oüy; & s'il vouloit dire la verité, il auoüeroit qu'il s'en est fié à Diana qui n'est point Iesuite, lequel fait mention de la sentence de ce Pere en cette matiere, pourquoy donc ne rapporte-il pas au moins fidelement ce qu'en dit Diana, &

les conditions auec lesquelles ce Pere a semblé permettre le duel, si toutefois c'est vn duel que ce qu'il a permis: ie les rapporteray briefuement, tant pour confondre la malice de l'accusateur, que pour empescher le mal que cette opinion pourroit causer, si elle passoit aussi crument qu'Arnauld la propose pour l'opinion d'vn bon Autheur. Premierement il veut que cet homme soit prouoqué auec asseurance de perdre son honneur, au iugement des meilleurs Chrestiens, des plus sages, & des plus considerables, en cas de refus, & qu'il n'y ait autre voye au monde pour le conseruer. 2°. Qu'il n'ayt qu'vne volonté conditionée de se batre, & en cas qu'il soit attaqué le premier iniustement. 3°. Qu'il ne se trasporte point au lieu qu'on luy assigne expres pour se battre, mais pour d'autres affaires qui le peuuent obliger d'y aller, ou pour se promener. Voila l'opinion de Hurtado, qui est bien metaphysique, comme il dit luy mesme, & qui ne peut quasi iamais tomber dans la pratique. Rodriquez qui n'est pas Iesuite, permet le duel comme luy, *in summa cap. 37. tam pro fama quàm pro rebus tuendis*. Bannes 2. 2. q. 40. dit qu'elle a semblé probable à quelques Docteurs. Lyran. ad cap. 17. l. 1. Reg. le permet pour les biens temporels seulement & non pour l'honneur. Angel. v. duellum dit le mesme n.2. comme aussi Petrus Nauar. l. 2. de restit. c. 3. & 13. glossator Raymundi comme asseure Syluestre, &c.

Auerées.

Autheurs Iesuites de cõtraire opinion.

Tous les Autheurs Iesuites qui ont imprimé la dessus sont de contraire opinion à Hurtado touchant les duels.

Page 13. Ignorances.

On en produira les Escrits si besoin est.

Quand au septiesme Precepte, qui regarde la Chasteté, ils ont enseigné à la Fleche, Que le peché qu'on commet auec vne femme mariée, lors que son mary y consent, n'est point Adultere.

Auerées.

Autheurs non Iesuites de cette opinion.

Produisez hardiment au iour les escrits de la Fleche, dont vous menassez, & les Iesuites y trouueront la preuue de leur innocence & la conuiction de vostre malice, & de vostre ignorance. Il ne se trouuera dedans autre chose que le mesme qu'a imprimé l'vn des plus celebres Theologiẽs de ce temps apres plusieurs autres ; qu'au cas dont vous parlez l'Adultere ne seroit pas vne iniustice, au moins contre le mary, *quia scienti & volenti non fit iniuria*, d'où vient que si quelqu'vn vouloit maintenir que l'Adultere proprement, enferme essentiellement cette injustice; il deuroit aussi maintenir qu'en ces circonstances, ce ne seroit pas proprement Adultere, quoy qu'à mon aduis ce seroit mal parler: S. Thomas 2.2.q.58.A.3. les Anciens Theologiens, lib. 6. de regulis iuris. Aristotel. 5. Ethic. cap. 9.

Aucrées.

Tous ceux d'entre les Iesuites qui ont escrit du Mariage, tiennent qu'en ce cas ce seroit vn Adultere.

Autheurs Iesuites de contraire opinion.

Page 14. Ignorances.

Bauny ne recognoist pour stupre que celuy qui se commet par force & par violence, & pretend que ce n'est qu'vne simple Fornication de corrompre vne fille, quand elle y consent, *quelques prieres & persuasions qui soient interuenues de la part de l'homme*, quoy que les Iurisconsultes, mesmes Payens, ayent esgalé à la force les persuasions importunes & violentes, & que mesme en vn sens le dernier soit vn plus grand crime, que l'autre, parce qu'en l'vn on ne corrompt que le corps, & en l'autre l'esprit.

Bauny Som: des pechez page 143.

Aucrées.

Il n'est pas seul de cette opinion, il y a de grands Theologiens comme luy qui la suiuent. S. Antonin 2.2. tit. 5. c. 6. Sotus,

Autheurs non Iesuites de cette opinion.

l. 4. de Iust. q. 7. A. 1. ad 2. Petr. Nauar. c. 3. n. 434. Sancius in sele. Disp. 29. n. 7. Bannes 2.2.q.62. A. 2. du 7. Diana. p. 1. tr. 17. misc. res. 12. Barthola S. Fausto & autres. Au reste quelque esgalité qu'on mette entre les persuasions & la force, ce ne sera iamais pour le regard de l'iniure, *scienti enim & consentienti non fit iniuria neque dolus.*

Auerées.

<small>Autheurs Iesuites de contraire opinion.</small> Emm. Sa. v. luxuria n. 3. Valentia 2.2. d. 9. q. 3. p. 3. filliuc. tr. 3. in 6. præcep. c. 3. Azor c. 11. q. 5. Tolet. l. 3. c. 18. Henriq. l. 2. de pœ. c. 8. & autres Iesuites enseignent le contraire.

Page 14. Ignorances.

<small>Ibidem.</small> Le mesme Autheur veut qu'en ce cas de persuasions & de prieres, on ne soit point obligé de doter vne fille qu'on auroit corrompuë.

Auerées.

<small>Autheurs non Iesuites de cette opinion.</small> Si on ne luy a point fait d'iniure, ny de tort, & que sans y estre forcée, elle l'a voulu, qu'elle obligation de iustice peut-on auoir de la doter ? que si, comme remarque le Pere, *il interuenoit de la force, de la contrainte, ou de la violence,* il luy en faudroit faire reparation, la dotant, ou la prenant en mariage. Les mesmes Autheurs que nous auons alleguez en la precedente remarque,

font aussi pour celle-cy.

Auerées.

Les mesmes Iesuites repugnent à celle-cy qui ont repugné à la precedente. — *Autheurs Iesuites de contraire opinion.*

Page 14. Ignorances.

Le mesme Autheur veut qu'on ne soit pas obligé, sous peine de peché mortel, à rendre ce qu'on a pris par quantité de petits larcins, *quelque grande que puisse estre la somme totale.* — *Bauny Som. des Pechez p. 22.*

Auerées.

Ces paroles, *quelque grande que puisse estre la somme totale,* ne sont point du Pere Bauny, comme vous luy imposez ; car il ne fait que les rapporter d'vn autre, sans appuyer dessus ; mais quand elles seroient de luy il ne seroit pas tout seul de ce sentiment, non plus qu'en ce qui regarde la continuation de plusieurs petits larcins. Berarducius p. 1. c. 1. n. 28. Nauar. l. 3. consil. 3. de statu Monach. n. 27. & in manu. c. 17. n. 129. & d'autres. — *Autheurs non Iesuites de cette opinion.*

Auerées.

Salas to 2. q. 88. disp. 16. Filliuc. to. 2. tr. 31. c. 10. n. 45. & les autres Iesuites, communement disent le contraire. — *Autheurs Iesuites de contraire opinion.*

Page 17. Ignorances.

Il n'oblige pas aussi à restitution des dommages. *Celuy qui aura prié vn Soldat de* — *Bauny som. des pechez Page 29.*

frapper, battre son voisin, ou de brusler sa Grange, &c. pource, dit-il, qu'il n'a pas violé la iustice en priant vn autre d'vne faueur qui demeuroit tousiours libre à l'accorder ou à la nier, rien ne l'obligeant de le faire que la bonté, douceur ou facilité de son esprit, attribuant ainsi les crimes qui se font par la persuasion d'autruy, à la bonté, douceur, & facilité de l'esprit de celuy qui les commet, & trouuant que c'est vne grande douceur, de frapper & battre le monde, & brusler des Granges.

Auerées.

<small>Autheurs non Iesuites de cette opinion.</small>
Quoy qu'il n'oblige pas la personne qui n'a fait autre chose que prier quelqu'vn de nuire à vn autre, de faire elle mesme la restitution; il y oblige neantmoins estroitement celuy qui aura frappé, bruslé ou causé quelque sorte de detriment à la priere d'autruy. Et ce n'est point à la douceur & facilité de l'esprit, comme vous dites par raillerie, qu'il attribuë le mal qu'on fait au prochain, mais à la pleine & entiere liberté de celuy qui le fait, laquelle n'est en rien contraire, ny forcée par les prieres d'vn autre; n'estoit que les menaces se trouuassent iointes aux prieres & aux caresses, ou qu'vne crainte raisonnable le portast à condescendre à ses persuasions. Si l'opinion

l'opinion vous semble un peu large, vous pouuiez en accuser d'autre que le P. Bauny, entr'autres Sotus l. 4. de iust. q. 6. A. 3. Nauar. c. 17. Enchir. n. 16. Syluius in 2. 2. q. 62. A. 4. Petr. de Nauar. l. 2. de restit. c. 1. Bartholo. à S. Fausto de restit. facienda disp. 24. q. 4. qui parle ainsi, *At ego libentius adhæreo aliorum sententiæ docentium nullam in hoc casu esse restitutionis obligationem, & ratio est plana, quia preces licet assiduæ & importunæ, potius augent quàm minuunt voluntarium, quando omnis dolus ac metus abest, & ita sentiunt Syluester, Ledesma & alij.* Auerées.

Valentia to. 3. disp. 9. q. 3. puncto 3. Sanchez l. 4. de Matr. Fagundes & les autres Iesuites communément sont de contraire opinion.

Autheurs Iesuites de contraire opinion.

Page 16. Ignorances.

Bauny excuse la medisance de peché mortel, quand la personne dont on mesdit est de soy vile, ou ne s'en soucie que peu ou point, & ce d'autant qu'elle tient à honneur ce dequoy on la blasme. *Ainsi, dit-il, ce n'est peché de dire d'un Gentilhomme, (sans distinguer si ce qu'on dit est vray ou faux) Qu'il est haut à la main; qu'il a fait un Duel; Qu'un Soldat entretient chez soy une garce; qu'il est altier, glorieux, valeur, &c. pource que telles gens font trophée de ces choses.*

Bauny Som. des Pechez, p. 161.

Autheurs non Iesuites de cette opinion.

Encore que les Iesuites tiennent à honneur vos medisances, & les souffrent volontiers; cela ne vous excuse pas neantmoins de grand peché; puisque ce ne sont pas des personnes viles, & que vous les taxez en la doctrine, & aux mœurs, qui sont choses fort importantes à leur profession, & vtiles au salut des ames; & de plus, que c'est contre toute verité. Au reste, il n'a point esté besoin que le P. Bauny repetast en cet endroit ce qu'il auoit dit assez souuent, & qui mesme ne cause pas vne offense mortelle au regard des personnes dont il s'agit. De son opinion sont Sotus liu. 4. quest. 6. art. 3. Barthol. à Sancto Fausto de restit. famæ d. 21. quæst. 18. qui dit, *Non quoties aliquis mentitur aut detegit peccatum alterius, famam aufert, vt si diceret militem commisisse duellum habere concubinam, vel hominem curialem esse prodigum lasciuum, &c. hæc enim in istis communiter non iudicantur pia in illis, nec ipsi putant huiusmodi peccata esse infamatoria, imo de ipsis gloriantur, vnde qui talia diceret licet occulta & mendacia non obligatur famam restituere.* Maior. in 4. d. 19. S. Antonin pag. 2. tit. 8. cap. 4. Syluester v. detractio quæstio 1. &c.

Pag. 17. Ignorances.

Cellot soustient, que les Diacres sont

Ministres ordinaires du Baptesme, contre le Decret d'Eugene, dans le Concile de Florence; Le Catechisme du Concile de Trente, au chap. du Baptesme; Les Constitutions Apostoliques, liu. 3. chap. 11. le Pape Gelase, *ad Episc. per Lucaniam*, au Canon 9. Le Concile d'Yorck, sous le Pape Celestin III. Le Concile de Londres, sous Innocent III. chap. 3. Et generalement le sentiment des Peres, & des Scholastiques.

Cellot de Hier. l. 7. c. 4. p. 573.

Aucrées.

C'est au liure 6. & non au 7. au chap. 14. & non au 4. en la page 464. & non pas en la 573. comme vous dites, que le Pere Cellot a traicté de cette matiere. Mais quel grand mal trouuez vous à soustenir, que les Diacres ayent esté iadis les Ministres ordinaires du Baptesme? car le Pere Cellot ne parle que des premiers temps, il y a de bons Autheurs de part & d'autre, & les Conciles ne parlent pas si clairement là dessus, que chacun ne les tire à son aduantage. Et autrement certes Hallier vostre bon amy, n'auroit pas dit en la page 573. de Sacris ordinationibus. *Presbyteros & Diaconos Ecclesiæ duces & Ecclesiasticæ Hierarchiæ principes populique Christiani Patres, consecrari. Potestatem quoque Presbyteri ac Diaconi ad Sacramenta vel conferenda* (excusez) il vouloit

Autheurs non Iesuites de cette opinion.

dire *conficienda*) *vel dispensanda destinari*, s'il eut crû que les Conciles ne leur eussent attribué l'administration du Baptesme, que par commission, quoy que peut estre ailleurs, faute de memoire, il ayt dit le contraire. Pamelius est de mesme sentiment que le P. Cellot, *in epist. 65. S. Cypriani. Pontificale Romanum, Canones Romanæ Synodi ad Episcopos Galliæ Can. 7. tom. 1. Concil. Gallic.* Et cette opinion se collige des Actes, cap. 8. de Philippo Diacono baptisante. Voyez les autres preuues qu'apporte le P. Cellot.

Auerées.

Autheurs Iesuites de contraire opinion.
Mæratius disp 5. de baptismo sect. 5. Vasques 3. par. d. 47. c. 4. & les autres Theologiens Iesuites sont en cela communément de contraire opinion au P. Cellot.

Page 18. Ignorances.

Bauny de Sac. Trac. 2. q. 17.
Bauny enseigne, qu'vne personne ayant receu le Baptesme sans foy & sans Penitence, s'estant persuadé qu'elles n'y sont point necessaires, vne simple attrition sans le Sacrement de Penitence suffit pour faire reuiure son Baptesme, & obtenir la remission de tous ses crimes, que le Baptesme mal receu n'auoit point effacez.

Auerées.

Autheurs non Iesuites de cette opinion.
Le P. Bauny ne dit pas, *s'estant persuadé*, mais *existimans, probabiliter*, qui sont termes bien

differens: & il suppose qu'il n'ayt du depuis commis aucun peché mortel, ce que vous supprimez. Et afin qu'on ne se trompe pas à vostre citation qui est fausse aussi-bien que la precedente, c'est en la question 28. & non à la 27. comme vous auez marqué, où cette sentence se trouuera suiuie de bons Autheurs, entr'autres de Paludan in 4. quest. 5. Ægidius quæstion. 62. dub. 6. num. 92. &c.

Auerées.

Vasquez 3. p. de Baptismo Mæratius disp. 5. de Baptismo, & les Scholastiques communement sont de contraire opinion parmy les Iesuites. Autheurs Iesuites de contraire opinion.

Page 20. Ignorances.

Cellot fait le Diacre, Ministre ordinaire pour distribuer le Corps de Iesvs-Christ, contre le Canon 20. du Concile de Nicée, selon la version de Rufin. Le Canon 38. du quatriesme Concile de Carthage. Le Canon 15. du deuxiesme Concile d'Arles. Le Canon 23. du Synode. *In Trullo*. Le Decret du Pape Gelase *ad Episcopo Lucaniæ cap.* 10. Le Concile d'Yorck sus-alegué. Les Statuts d'Odo Euesque de Paris, *Capitulo de Sacramento Altaris Canone* 8. La pratique ancienne de l'Eglise. Le sentiment des Peres, & des Theologiens. Cellot de Hier. l. 7. c. 4. p. 573.

C iij

Auerées.

Autheurs non Iesuites de cette opinion.

Vous estes condamné, à ne passer plus, que pour vn ignorant, auprés de tous les doctes, de reprendre l'opinion de ceux qui disent que le Diacre estoit autrefois Ministre ordinaire, pour distribuer le corps de Iesus-Christ, (car le Pere Cellot ne parle que des premiers temps) ignorance lourde & grossiere, s'il en fut iamais, & qui ne peut partir que d'vne personne qui n'a seulement pas la premiere cognoissance de l'antiquité. Si vous auiez le moins du monde leu les Saincts Peres, dont toutesfois vous faites tant de brauades, vous sçauriez que le propre office du Diacre en la primitiue Eglise, estoit de distribuer aux fidelles le corps & le sang de Iesus-Christ : témoin ce qu'escrit Sainct Ignace qui viuoit du temps des Apostres en l'epistre aux Tralliens que S. Hierosme recognoist estre de luy auec six autres, que les Diacres sont les Ministres des mysteres de I. C. διακόνους ὄντας μυσηρίων Χριστοῦ Ἰησοῦ. Et afin que ces paroles ne vous soient suspectes, comme ayant esté du depuis inserées, ainsi qu'il est arriué en la plus part de ses epistres, vous sçaurés qu'elles se retrouuent en la mesme epistre dans le manuscrit de la Bibliotheque de Florence lequel paroist estre fort Authentique. Et

Sainct Iustin qui fut vn peu aprés, en son dernier Apologetique, ne dit-il pas, que c'estoit la coustume des Diacres, apres que les Prestres aubient consacré le pain & le vin au Sainct Sacrement de l'Autel, de le distribuer aux fideles, οἱ καλούμενοι παρ' ἡμῖν διάκονοι, διδόασιν ἑκάστῳ τῶν παρόντων μεταλαβεῖν ἀπὸ τοῦ εὐχαριστηθέντος ἄρτου καὶ ὕδατος, καὶ τοῖς οὐ παροῦσιν ἀποφέρουσι. Coustume qui du depuis a esté long-temps en vsage dans l'Eglise, comme nous apprenons par les anciens Canons, & par les histoires Ecclesiastiques. D'où vient que dans les Actes trés authentiques de Sainct Laurent Martyr, raportez par Sainct Ambroise au liure 1. de ses offices, ce bien-heureux Leuite Apostrophe ainsi le Pape Xiste, *Quò Sacerdos sancte sine Diacono properas? nunquam sacrificium sine ministro offerre consueueras, &c. cui commisisti Dominici corporis dispensationem; cui consummandorum consortium Sacramentorum, huic consortium tui sanguinis negas?* nous apprenons le mesme de Sainct Cyprien au sermon de lapsis, où il dit des Diacres, *Calicem Domini præsentibus offerre.* Le second Concile d'Angory recognoist semblablement qu'vne des fonctions Ecclesiastiques propres des Diacres, c'est τοῦ ἄρτου καὶ ποτηρίου ἀναφέρειν, presenter aux commu-

C iiij

nians le corps & le sang de Iesus-Christ. Et il commande ailleurs, que les Diacres qui auront immolé aux idoles soient priuez de ce ministere, ce qui ne leur seroit pas vne peine, si la chose n'eut appartenu à leur office. Voicy les paroles de ce Concile selon la version de Dionysius Exiguus, *Vt cessent Diaconi qui immolauerunt, ab omni sacro ministerio, siue à pane, siue à calice offerendo, vel praedicando.* Sainct Clement Pape Contemporain des Apostres, escrit tout le mesme au liure des Constitutions Apostoliques, qu'au moins on ne peut nier estre fort ancien, quand on voudroit reuoquer en doute si ce Sainct en est l'Authour; & c'est principalement au liure second chapitre 44. Et Arator Poëte fort elegant parlant des sept premiers Diacres, montre que cet office leur appartenoit.

Iura ministerij Sacris altaribus apti
In septem statuere viros, quos vndique lectos
Leuitas vocitare placet; quam splendida coepit Ecclesia fulgere manus, quae pocula vitae,
Misceat, & latices cum sanguine porrigat agni.

Apres tant & de si authentiques temoignages, pour en laisser vne infinité d'autres, le P. Cellot pouuoit il douter, que le propre office du Diacre ne fut à disde distribuer le corps & le sang de Iesus-Christ? & vous sans vne extreme ignorance pouuiez vous le reprendre d'vne si veritable opinion? Mais vous vous rendez ridicule d'alleguer en vostre faueur ce beau Synode *In Trullo*, qui a voulu corriger si mal à propos le Concile de Neocesarée, & que les Grecs mesme Catholiques reiettent du nombre des vrais Conciles. Quand aux autres Synodes que vous citez contre le Pere Cellot, ils deffendent seulement aux Diacres d'exercer ce ministere en la presence de l'Euesque, pour luy tesmoigner par là plus d'honneur & de respect, comme il est manifeste par la defence qu'ils font aux mesme endroit aux Prestres d'exercer en leur presence la mesme fonction. C'est ce que fait aussi le decret du Pape Gelase, & tous les statuts que vous pouuez produire. Quant aux Theologiens modernes, dans les escrits desquels vous auez pris vostre opinion, pour imiter Hallier, qui ne cognoist les liures que par l'Index, & par les collections de Gratian, au lieu de recourir aux sources de l'antiquité; Ils n'excusent pas vostre ignorance non plus que vostre temerité; quelques vns d'entr'eux ne parlant que des Diacres qui son maintenant, à qui l'Eglise pour iustes causes a osté ce ministere, quelques autres estant aussi peu que vous, versez en l'antiquité, quoy que plus retenus à reprendre les opinions contraires aux leur, & la meilleure part condamnant ouuertement vostre ignorance.

Page 20. Ignorances.

<small>Paul de Barry ch. 3. De uot. 8.</small> Dans vn Liure intitulé, Le Paradis ouuert par cent deuotions à la Vierge, approuué par leurs seuls Theologiens, ils ont voulu introduire vne deuotion phantastique, Qui est que n'ayant point de Reliques de la Vierge, *On visite le Saint Sacrement* AVEC CETTE PRINCIPALE INTENTION, *d'aller honnorer la pretieuse Relique de la Chair de Marie, qui se trouue dans le Venerable Reliquaire qui la contient & repose sur nos Autels, & là faire quelque particuliere priere & deuotion, comme nous faisons lors que nous allons visiter les lieux ou Autels où reposent les Reliques des Saints.* Qui est vne chose extrauagante, iniurieuse au Fils de Dieu, & des-agreable à sa Mere, qui veut que tous les honneurs qu'on luy rend, soient rapportez à son Fils, & non pas ceux de son Fils rapportez à elle. Aucrées.

<small>Autheurs non Iesuites de cette opinion.</small> Vous remarquez en grosses lettres ces mots *principale intention*, pour faire mieux aperceuoir vostre ignorance. Et quoy pour vn Docteur, estes-vous encore à sçauoir, que

la principale intention particuliere n'exclut pas la principale generale, qui regarde toufiours Dieu dans toutes nos bonnes actions, & n'empefche pas neantmoins que nous n'y meflions par fois des motifs, & des intentions particulieres, comme l'imitation d'vn faint, fa gloire, & fon honneur. Or ces chofes particulieres, n'empefchent pas l'intention de plaire à Dieu, de l'honorer, ou de l'imiter, parce que c'eft l'vniuerfelle, qui eft infeparable de toutes les bonnes œuures ; mais empefchent feulement que nous ne puiffions auoir en mefme temps, vne autre intention particuliere, qui foit principale. Ainfi l'on peut faictement pratiquer la deuotion que vous condamnez, puis-qu'elle n'exclut point l'intention d'honorer Iefus-Chrift comme Dieu, mais feulement cette particuliere de l'honorer pour lors d'vne principale intention, comme homme, ce qu'il eft parfois licite de faire, perfonne n'eftant obligé de le confiderer fous ce refpect particulier, en toutes ces actions. Voftre ignorance au refte ne va iamais toute feule, elle eft encore icy iointe à la malice, car pour rendre cette deuotion ridicule vous faites dire à ce Pere, comme vne chofe fort ordinaire, *on vifite le Saint*

Sacrement, &c. & il y a dans son liure, on visite par fois le S. Sacrement, & le premier seroit reprehensible y allant d'ordinaire pour cette fin qu'il propose, plustost que pour y adorer la personne de Iesus : le second est loüable, & marque vne tendresse d'affection a l'endroit de la Saincte Vierge, S. Bernard & Gerson sont tout remplis de semblables pratiques. Ie sçay bien que de toutes les deuotions qu'on fait à la Mere de Dieu, Arnauld ne gouste que celle du Chapellet de S. Syran, dont on a veu long-temps la pratique au Port Royal, c'est à dire iusques à la censure qu'en fit la Sorbone. Vne des affections recommandée la dedans aux ames pieuses, c'estoit de desirer se priuer mesme à la mort de la saincte Communion, pour imiter le desespoir du Fils de Marie en la Croix : detestable pratique, pensée diabolique, abominable deuotion.

Page 21. Ignorances.

Eman. Sa Verbo Eucharistia num. 23.

Quelques crimes que les hommes apportent à la saincte Communion, ils ne commettent quasi plus de Sacrileges, depuis qu'authorisant l'aueuglement qui leur oste la connoissance de leur indignité, on leur enseigne qu'il suffit à vne personne, pour communier dignement, & receuoir la

Grace du Sacrement, de ne se croire pas en peché mortel, encore mesme qu'elle en doute, pourueu que passant par dessus son doute, elle se persuade estre en bon estat. Aucrées.

Cette accusation meritoit, autant que pas vne autre, d'estre mise au nombre de vos plus noires impostures, comme chacun recognoistra maintenant par la lecture des paroles du P. Emmanuel Sa, que ie rapporteray, lequel requiert expressement l'attrition en celuy qui veut communier. Toutefois à raison de la Doctrine dont il s'agit, & de la diuersité des autheurs, i'ay mieux aymé la rapporter icy. Il y a bien à dire entre Communier dignement : Il y a bien à dire entre Communier dignemēt d'vne dignité de bien-seance, & Cōmunier dignemēt d'vne liberté de necessité; quoy que dans vostre liure de la frequente Cōmunion, vous confondiez l'vn auec l'autre, à dessein d'empécher les hommes de Communier. L'opinion d'Emmanuel Sa, ne regarde que celle-cy, & dit seulement, 1. qu'vne personne peut sans sacrilege se communier quand elle ne se sent coupable de peché mortel, en quoy tous les Theologiens sont de son aduis. 2. qu'ayant quelque doute, s'il est vn peché exerçant vn acte d'attrition faute de

Autheurs non Iesuites de cette opinion.

se pouuoir confesser, il reçoit la grace du Sacrement : opinion à la verité moins commune que la contraire, qui pourtant ne laisse pas d'auoir de bons autheurs. Voicy les paroles de Sa, *qui se putat bona fide dispositum, nec sibi conscius est peccati mortalis, fit de attrito contritus virtute Sacramenti; non dicitur autem cum conscientia peccati accedere, qui dubitat quidem, sed non putat termes,* comme tout le monde iugera, qui sont bien differens de ceux que vous luy prestez, autant certes que sont dissemblables les Doctes & les ignorans, les hommes de conscience, & ceux qui n'en ont point. De l'opinion de Sa, sont Domin. Soto in 4. dist. 11. q. 12. A. 4. qui se sert des mesmes paroles, *tunc ex attrito fit contritus virtute Sacramenti.* Richard. in 4. dist. 9. A. 2. Scot. in 4. dist. 9. quæstiunc. Sacerd. vnic. Petrus Sotus l. de instit. Lect. 11. & 12. S. Thomas fauorise cette opinion q. 79. 3. part. A. 3. in Corp. disant, *qui est in peccato mortali cuius conscientiam & affectum non habet, deuotè & reuerenter accedens, consequetur per hoc Sacramentum gratiam charitatis quæ contritionem perficit & remißionem peccati.* Il y a mesmes des Theologiens qui passent plus auant que ne fait Sa, & disent qu'vne personne, asseurée d'auoir peché mortellement, & de n'auoir qu'vne acte d'atrition, Communiant là deſſus ſans pouuoir ſe confeſſer, reçoit la iuſtification par le moyen de l'Euchariſtie.

Aucrées.

Delugo tract. de Euch. Vaſques diſ. 205. cap. 4. Mœratius diſp. 33. communement les autres Theologiens Ieſuites ſont de contraire opinion. · *Autheurs Ieſuites de contraire opinion.*

Page 22. Ignorances.

Ils veulent que l'on ſatisfaſſe au Precepte de l'Egliſe, de Communier tous les ans par vne Communion indigne, & par vn Sacrilege, contre l'opinion des anciens Theologiens, & contre les propres termes de l'Ordonnance de l'Egliſe, qui oblige de Communier auec reuerence; ce que ne font pas ceux qui prophanent le Corps du Fils de Dieu. · *Suarrez Tom. 3. diſp. 70. ſect. 2. Azor. lib. 7. cap. 41. q. 32. Valentia & autres.*

Aucrées.

Pour vn Theologien que vous citerez des Anciens ou des modernes contre l'opinion que vous reprenez icy, on vous en produira 20. pour la contraire, & qui ſeront de plus grande conſideration. Il n'y a petit Theologien de trois iours iours, qui ne ſçache que l'Egliſe peut bien recommander les circonſtances interieures d'vne bonne action; mais que ſon commande- · *Autheurs non Ieſuites de cette opinion.*

ment n'en regarde que la sustance: S. Thomas 1.2. q.103. A.9. *lex humana non potest precipere modum virtutis.* Sotus l. 2. de iust. q. 3. A. 11. Corduba Sum. Hisp. 15. Alm. in tom. 1. p. Sylvester v. Confess. Gabriel in 4. d. 17. q. 1. Palud. in 4. distin. 17. Alensis in 4. Villalobos in Sum. to. 1. tr. 7. Petigian in 4. to. 1. dist. 9. q. 3. & presque tous les autres.

Auerées.

Autheurs Iesuites de contraire opinion.

Reginaldus Iesuite l. 29. cap. 5. q. 5. n. 87. dit qu'on ne satisfait point au precepte de l'Eglise par vne Communion indigne, & que ce sont deux pechez.

Page 23. Ignorances.

Eman. Sa, verb. Contrition, n. 5.

Pour la Contrition: Il n'y a rien qu'ils ne fassent pour descharger les Pecheurs de l'obligation qu'ils ont d'auoir vn vif repentir de leurs crimes, & se conuertir à Dieu serieusement, & dans le cœur. Ils enseignent, *Que c'est vne douleur suffisante, auec le Sacrement, d'auoir douleur de ce qu'on n'a pas assez de douleur.* Et Bauny mettant en pratique cette Maxime, dit; *Qu'il faut demander au Penitent s'il a regret de ses fautes; & s'il n'a pas de douleur suffisante pour estre absous; il luy faut demander, s'il ne voudroit pas bien auoir vne douleur suffisante, & s'il n'est pas marry de ne le pas auoir; & s'il dit que oüy, on le doit absoudre.*

Bauny Sacer tract. 4. q. 15.

Il n'est

Auerées.

Il n'est rien qu'Arnauld ne fasse, apres son grand Docteur l'Abbé de Sainct Syran, malgré le Concile de Trente pour charger les pecheurs de l'obligation d'exercer vn acte de parfaite contrition afin de se disposer au Sacrement de penitence, & les Iesuites, conformant tousiours leur creance à celle de l'Eglise, dechargent les pecheurs de cette obligation pretenduë, les exhortant neantmoins de se porter tousiours au plus parfait. Le Pere Sa, & le Pere Bauny ne sont pas seuls de l'opinion, qu'on puisse absoudre vn penitent, qui n'experimente point d'autre regret de ses fautes, que celuy de n'en auoir point de regret. Palud. in 4. dist. 17. q. 1. qui dit, *à pœnitente requiratur si pœnitet; & si dolor eius insufficiens est, an vellet dolorem sufficientem habere, si non habet hoc ipsum sibi displiceat, & hoc sufficit.* Nauar. cap. 1. n. 20. de Contritione, où il a ces paroles, *satis est vt velit conturque ita dolore, & si non possit, doleat ex animo se non posse id facere.*

Autheurs non Iesuites de cette opinion.

Auerées.

Les Theologiens Scholastiques tiennent communement parmy les Iesuites que, *attritio putata tantum, & omnis dolor qui vere contritio aut attritio non est, non est sufficiens dispositio ad Sacramentum pœnitentiæ.* Mærat,

Autheurs Iesuites de contraire opinion.

tom. 3. de pœnit. vasquez.
Page 23. Ignorances.

Theses Societatis c.2. art. 18.

Et dans leurs Theses contre Monsieur l'Euesque d'Ipre, ils attribuent cette opinion à toute leur Societé ; *Que la seule crainte des peines d'Enfer, sans aucun motif d'amour de Dieu, est vne disposition suffisante au Sacrement de Penitence* ; & condamnent d'erreur tous ceux qui ne sont pas en cela de leur sentiment, & qui croyent auec toute l'antiquité, que la crainte purement seruile, côme est celle qui n'enferme aucun amour de Dieu, & qui ne regarde que la seule peine appartenant à la vieille Loy & à l'estat des Esclaues, ne peut estre vne disposition suffisante pour reccuoir les Sacremens de la loy de grace & d'amour.

Aucreés.

Autheurs non Iesuites de cette opinion.

Les Iesuites enseignent tous d'vn commun consentement, comme vne Doctrine fort Catholique, qui approche bien prés de la foy, & qui est grandement conforme au Concile de Trente ; que l'attrition toute seule, & mesme conceuë par le seul motif des peines d'Enfer, laquelle exclut la volonté d'offenser, est vne suffisante disposition au Sacrement de Penitence. Quand à l'opinion contraire ; ils ne la condamnent pas tout à fait d'heresie : mais la taxent d'erreur & de temerité; & si ie ne me trompe, la Sorbone vsa de la mesme censure l'an 1638. contre le liure du P. Claude Sequenot qui auoit auancé cette opinion, comme a fait du depuis Iansenius, lequel à l'exemple de Luther blasme l'acte d'attrition, & l'accuse d'estre vicieux. De l'opinion que vous reprenez aux Iesuites, sont tous les autheurs non suspects d'heresie, qui ont imprimé depuis le Concile de Trente; ie n'en exempte qu'vn ou deux. Les plus anciens pour la pluspart sont de ce sentiment, & S. Thomas en cent endrois de ses œuures. Scotus in 4. disp. 14. quest. 4. art. 3. Palud. in 4. dist. 19. q. 1. art. 2. &c. Il paroist que vous n'auez leu l'antiquité, ny les Peres, que dans les memoires de Sainct Syran, de dire que l'opinion dont il s'agit leur soit contraire. Sainct Augustin, liu. 1. de Adult. coniugi, & souuent ailleurs S. Chrysost. liu. 3. de Sacerdotio, & les autres Peres la tiennent vnanimement. Ce qui vous trompe dans leurs liures, c'est le mot de *Charitas*, que vous prenez tousiours à la rigueur, principalement chez S. August. lequel toutefois, & les autres aussi, entendent d'ordinaire par ce mot toute sorte de bonnes volontez que nous auons pour le bien; tesmoin ce qu'il dit l. de grat. Christi. 21. &

D ij

22. *bona voluntas nihil aliud est quam Charitas,* &c. 26. *Si consenserit nos gratia Dei recipere Charitatem, non sic sentiat tanquam vlla merita bona nostra præcesserint.* Il enseigne le mesme au chap. 35. lib. 4. ad Bonifac. & in Psal. 68. & 1°. ad Simplic. & ailleurs. Pour ce qui est du Concile de Trente, il ne pouuoit guere parler plus clairement qu'il a fait sess. 14. c. 4. *quamuis attritio ex gehennæ metu concepta sine Sacramento pœnitentiæ, per se ad iustificationem perducere peccatorem nequeat tamen eum ad Dei gratiam in Sacramento pœnitentiæ impetrandam disponit.* On peut adiouter pour preuue de cette mesme Doctrine tous les pages de la Sainte Escriture par lesquels N. Seigneur donne le pouuoir au Prestre de remettre les pechez au Sacrement de penitence, pouuoir qui regarde, *principalement & immediatement la remission de la coulpe, & non de la peine,* sinon en suite; Quoy que vous ayez escrit le contraire, par vne extreme temerité, & ignorance en vostre liure de la Frequente Communion. Enfin l'institution du Sacrement ayant esté faite par la sagesse mesme, elle n'a pas dû choisir vne disposition comme necessaire qui luy ostast le moyen d'arriuer iamais à sa fin; & partant puisque c'est le Sacrement des morts aussi bien que le Baptesme, il faut que de luy

mesme il puisse auoir l'effet de nostre iustification. Pour la raison que vous apportez, elle vous combat vous mesme : car puisque la loy du nouueau Testament est vne loy de grace, faite pour les enfans, & non pour les esclaues; n'est-il pas conuenable qu'elle exige moins de leur part, & que Dieu de son costé y donne dauantage ? Il a donc esté raisonnable, qu'il leuât l'obligation, fascheuse & difficile, qui estoit en la loy de rigueur d'exercer vn acte de parfaite contrition pour estre iustifié, & qu'il instituât des Sacrements qui peussent suppleer son defaut, à l'ayde d'vne disposition plus facile, autrement certes les enfans n'auroient pas maintenant plus de facilité de se remettre aux bonnes graces de leur Pere, qu'auoient iadis ces esclaues d'estre receus à mercy & d'obtenir misericorde de leur Seigneur.

Page 25. Ignorances.

Pour ce qui est de la Satisfaction, à bien parler ils n'en ont gardé que le nom, principalement dans la pratique : Et il y en a mesme qui ont enseigné que le Penitent n'estoit point obligé d'accepter la Penitence que le Prestre luy impose, mais qu'il pouuoit reseruer en Purgatoire à satisfaire à Dieu. Et que si le Prestre vouloit obliger le Penitent à receuoir determinément vne

Voyez l'article.

D iij

sorte de Penitence qu'il ne voulust pas accomplir, il pourroit ayant la Contrition s'en contenter, & se passer de l'Absolution & du Sacrement.

Auerées.

Autheurs non Iesuites de cette opinion.
Les Casuistes qui soustiennent, qu'il est au pouuoir du penitent, de ne point accepter la penitence que le Prestre luy impose, restreignent cette licence à la seule penitence qui est purement satisfactoire, & non medicinale ; que vous ne sçauez pas seulement discerner, tant vostre ignorance est grossiere, & vostre passion est aueugle. Apres tout, pourquoy vous attaquez vous à deux ou trois Iesuites qui ont suiuy cette opinion, puisque tant de Modernes, & d'anciens, leur en ont frayé le chemin, Scot. in 4. dist. 17. quest. vnica, & dist. 18. & 19. Gabriel in. 4. dist. 16. quest. 1. dub. 1. Medina codice de confess. quest. 41. de Beia. l. 7. c. 2. n. 15. Raphael de Caesare in consol. a. dial. 8. c. 26. Crucius in direct. parte 2. de penit. q. 4. Petigi. in 4. dist. 19. q. 1. art. 3. Syluester v. confess. q. 25. Armilla v. confes. qui cite Panormit. & Hostiens. Nauar. &c.

Auerées.

Iesuites de contraire opinion.
P. Mærat. to. 3. de penit. Suarez disp. 38. de penit. & communément les Scholastiques Iesuites tiennent le contraire, comme

font auſſi Sanchez dub. 38. to. 3. Filiuc. tractatu n. for. 8. Fagundez de præcep. Eccleſ. l. 2. Bellarm. de penit. c. 2. Henriquez l. 2. c. 2. P. Bauny tr. de penit. q. 18.

Page 25. & 26. Ignorances.

Ils ont reduit en vn Miniſtere bas & seruil, la puiſſance toute diuine que IESVS CHRIST a donnée au Preſtre, de iuger les Pecheurs en ſa place, l'obligeant à ſuiure l'opinion de ſon Penitent, pourueu qu'elle ſoit probable, c'eſt à dire, ſouſtenuë par vn Docteur ou deux, en ſorte qu'il ſoit tenu de l'abſoudre contre ſon ſentiment, & ſes lumieres, ſouſmettant ainſi ridiculement le Paſteur à la Brebis, & le Iuge au criminel.

Bauny de Sac, Trac. de Pen. q. Sanchez. in Decal. l. 1 c. 8. Valentia Suarez & autres.

Et ils ſont paſſez iuſques à cét excez d'extrauagance, de condamner de peché mortel, vn Confeſſeur qui ne voudroit pas abſoudre ſon Penitent apres l'auoir oüy, ne le pouuant faire qu'en ſuiuant vne opinion qu'il croit fauſſe, mais que d'autres tiennent Probable. De ſorte que dans l'eſtenduë qu'ils ont donnée à ces probabilitez, il n'y a preſque plus perſonne, quelque indipoſée qu'elle puiſſe eſtre, qui ne puiſſe obliger ſon Confeſſeur à l'abſoudre, ſous peine de peché mortel. Car ils enſeignent.

Auecés.

Ce n'eſt pas *reduire à vn miniſtere bas &*

D iiij

Autheurs non Iesuites de cette opinion.

vil la puissance des Prestres, que de les obliger, comme font plusieurs Theologiens, à absoudre le penitent, quand ils iugent que l'opinion contraire à la leur, est probable; puis qu'ils demeurent tousiours iuges de la probabilité de ces sentences. Et en effet la puissance estant donnée aux Prestres pour le bien des criminels, il arriueroit souuent qu'ils en vseroient autrement, s'ils pouuoient restreindre leur puissance d'absoudre à leurs opinions particulieres; & n'estoient obligez de s'accommoder aux opinions probables. Tesmoin le mauuais vsage que vous & vos nouueaux Penitenciers faites tous les iours de ce pouuoir, que Dieu vous a confié, pour vouloir par vne opiniastreté schismatique, gouuerner les consciences à vostre mode, & differer ou refuser à tout propos l'absolution aux penitens, selon les regles de vostre caprice, & contre l'vsage & les ordonnances de l'Eglise. Vous estes apres tout, grandement temeraire, d'accuser d'extrauagance tant d'Autheurs qui tiennent cette opinion de laquelle il ne s'ensuit pas ce que vous inferez par vne tres-mauuaise consequence, *que tout penitent puisse obliger son confesseur à l'absoudre*, chacun d'eux n'ayant pas de raison qui soit vrayement probable pour l'y

obliger. De cette opinion est Diana. tr. 13.
1. par. resol. 11. qui dit, *Tenetur confessarius sequi opinionē pœnitentis, quia quoties Confessarius potest licitè absolutionem impendere, ad illam exigendam habet ius iustitia pœnitens,* & il cite pour cette opinion Montesino in p. 2. q. 5. Sylvius in 3. p. q. 9. A. 2. Pontius de Matrim. l. 4. c. 25. n. 8. Villalobos in sum. to. 1. tr. 1. d. 12. Peres in Laurea Salmantina cert. 10. c. 13. n. 97. Nugno in addit. ad 3. part. q. 8. A. 4. Fernandes in exam. Theolog. p. 3. c. 6. *& les autres communement,* dit-il, *sont de cette opinion,* & puis il adiouste immediatement apres ces paroles, *& licet Vasques & Salas,* tous deux Iesuites, *putent solum peccare venialiter confessarium non proprium si pœnitentem habentem pro se opinionem probabilem, nolit absoluere, ego tamen verius cum Sancio,* qui n'est pas Iesuite, *puto peccare mortaliter si de mortalibus sit facta confessio, nam onus graue esset, pœnitentem obligare ad sua detegenda crimina alij confessario absque necessitate: & hoc etiam procedit etiamsi confessarius falsam esse opinionem pœnitentis existimaret, si tamen probabilis reputetur inter Doctores probatæ authoritatis vt docet Sancius vbi supra & alij, & hæc omnia vera sunt non solum in confessario, proprio sed etiam in non proprio vt sunt Regulares, & alij non proprij Pastores & Parochi, quidquid alij asserant.* Syluester v. Confessor & autres

font encore de cette opinion.

Aucrées.

Autheurs non Iesuites de cette opinion.

Vasques, in p. 2. to. 1. d. 62. c. 7. n. 40. Salas in p. 2. q. 21. tr. 8. sect. 9. raportez par Diana, tiennent que le Prestre qui n'est pas le propre Confesseur du penitent, ne peche que veniellement s'il ne suit l'opinion probable de son penitent.

Page 26. Ignorances.

Bauny Sacr. tract. 4. de Minist. Pœnitent. q. 12.

Qu'vn homme est capable d'Absolution, dans quelque ignorance qu'il se trouue des Mysteres de nostre Foy, & quoy qu'il ne connoisse ny la Trinité, ny l'Incarnation de Nostre Seigneur IESVS-CHRIST, qui sont les deux fondemens de toute la Religion Chrestienne.

Aucrées.

Autheurs non Iesuites de cette opinion.

Si vous adioustiez le reste qui est au lieu que vous citez, l'opinion ne sembleroit pas estrange, mais ce seroit contre le dessein que vous en auez. Le Pere Bauny veut en ce mesme endroit que le penitent soit repentant de l'ignorance dont il estoit coupable, qu'il propose de se faire instruire & que le Confesseur le puisse luy mesme instruire suffisamment, auant que de l'absoudre, voicy ses paroles, *Quia illos pœnitare potest suæ negligentiæ & proponere diligentiam se in addiscendis iis mysteriis allaturos*

& vn peu apres, tenetur Confessarius proponere rusticis sibi confitentibus aut aliis mysteriorum nostrorum ignaris Articulos de Trinitate & Incarnatione eosque illis explicare: & en sa Somme c. 3. p. 53. & 54. il dit, que le Confesseur doit instruire son penitent des mysteres de la foy, ou differer l'absolution iusques au temps qu'il s'en soit rendu digne. Bannes est de son opinion 2. 2. q. 2. A. 8. Petrus de Ledesma 2. to. Sum. tr. 1. c. 31. &c. & qui pourroit estre de la contraire? veu principalement que Bonac. sur le 1. com. disp. 3. q. 2. n. 14. enseigne auec d'autres, qu'en rigueur il suffit pour receuoir l'absolution que le penitent consente aux veritez que le Confesseur luy propose, pource qu'en telle occasion on peut dire qu'il a la foy & qu'il croit en Dieu. Pratique que tous les bons Confesseurs gardent encor à present, pour le regard de ceux qu'ils confessent aux villages.

Page 27. Ignorances.

Qu'on doit absoudre celuy qui demeure dans vne occasion prochaine de peché, pourueu qu'il ait vne iuste cause de ne point quitter cette occasion. Et ils ne demandent point autre chose, pour estre vne iuste cause de ne point quitter vne occasion prochaine qui nous engage dans des crimes, qu'vne commodité temporelle. Parce, disent-ils, qu'en ce cas, ce n'est point l'oc-

Rauny tr. 4. qu. 14. Layman. li. 5. tr. 6. c. 4. n. 8. Ema. Sa. &c.

cssion du peché que nous recherchons, ny le peché dont elle est cause, mais seulement le bien temporel, dont nous ne iouyrions pas si nous quittions ou euitions cette occasion.

Aucrées.

Autheurs non Iesuites de cette opinion.

Les Autheurs Iesuites que vous nommez ne mettent point au nombre des causes iustes pour n'estre point obligé de quitter l'occasion de peché, *vne commodité temporelle* comme vous leurs imposez malicieusemét; mais bien *vne grande incommodité qu'autrement ils encourroient* : & ce n'est pas le desir d'auoir la iouïssance d'vn bien temporel, comme de réchef vous leur faites à croire, qui empesche ceux-là de pecher mortellement, qui ne s'esloignent pas de cette occasion, selon ces Autheurs, ains *quelque notable preiudice qu'ils en receuroient en leurs personnes ou en leurs biens*. Ces impostures & calomnies estant retranchées de vostre accusation, il n'y a plus rien à redire à l'opinion que vous blasmez, ou bien il faut faire le procez à Nauar. lequel au c. 3. Enchir. n. 20, parle bien plus hardiment que les Iesuites en cette matiere, comme desia nous auons remarqué. Car demandant si vne hostesse qui peche toutes les fois qu'elle reçoit vn homme en sa maison, peut estre receuë au Sacremét de penitence, il respond, *Dico posse absolui proposito & promissione quod eum nunquam exceptura sit, quando absque magno detrimento & scandalo non posset eum ab hospitio suo prohibere*, & au nomb. 22. il dit, qu'on peut absoudre les seruiteurs & les seruantes qui pechent auec leurs maistres, ou auec d'autres personnes auec lesquelles ils demeurent, *quando causa notabilis est, vt quod non possunt sine magno incommodo & detrimento separari*: & Diana p.1.tr.16.resol.45. *in eo casu non dicitur pœnitens velle occasionem sed permittere, cum non vitare occasionem non oriatur quia velit pœnitens in ea permanere, sed quia velit non incurrere damnum in vita, honore & pecuniis, quod abiecta occasione eueniret.* Graffius l.2.decis.c.18. n.2. est de mesme sentiment.

Page 27. Ignorances.

Selon ces Maximes pernicieuses, ils veulent que les Prestres absoluent vne femme qui reçoit en sa Maison vn homme auec lequel elle peche souuent, lors qu'elle ne l'en peut chasser honnestement, ou qu'elle a quelque raison de l'y retenir.

Bauny ib. q. 15.

Auerées.

Vous leurs faites vouloir ce qu'ils ne veulent pas, & vous auez tort de dire, *ils veulent*, puis qu'ils ne font seulement que *permettre*. Ils ne disent non plus, *honestement*, mais *sans scandale*. Bref ils n'ont iamais songé à vser de ces termes, *quelque raison de l'y retenir* que

Autheurs non Iesuites de cette opinion.

vous auez forgez pour les rendre odieux, & decrier leur doctrine, mais bien, que sans se causer vn notable preiudice en son honneur & en son bien, elle ne peut laisser aller. Ces trois faussetez estant ostées, les mesmes Autheurs cy dessus allegués, auec ceux que vous citez seront de cette opinion, & en outre Viualdus *in candelabro aureo, tit. de absolu.* Sancius *in select, disp.* 10. *n.* 16. &c.

Auerées.

Autheurs Iesuites de contraire opinion.
Suarez 3. p. to. 4. disp. 32. Reginald in praxi tit. 1. l. 8. n. 19. Conink de Sacram. disp. 4. dub. 4. & autres Iesuites tiennent la contraire.

Page 28. Ignorances.

Bauny ib.
Qu'on doit absoudre vn homme qui retient vne mauuaise familiarité auec vne femme qui l'engage souuent dans des crimes, lors qu'il a quelque raison de le faire ou vtile ou honneste.

Auerées.

Autheurs non Iesuites de cette opinion.
Il y a plus de calomnie que de mots, mesme parmy vos ignorances, comme iusques icy on a pû recognoistre, & comme il est encore euident en cet endroit. Le Pere Bauny ne dit pas *qu'on doit absoudre*, mais *qu'on peut*, il ne dit pas non plus, *lors qu'il a quelque raison ou vtile, ou honeste*; mais *lors que sans vn notable dommage il ne la peut quitter*:

Enfin le mesme Pere adiouste ce que vous auez malicieusemét retranché, *pourueu qu'ils soient vrayement repentans, & qu'ils ayent vn ferme propos de s'amender.* Escoutez les raisons qu'aportent de cette sentence des Autheurs qui ne vous seront point suspects, puis qu'ils ne sót point Iesuites. Diana au lieu sus allegué, dit qu'on le peut absoudre, *si habeat propositum amplius non peccandi quia in hoc casu non dicitur velle occasionem, sed permittere,* &c. voyez le reste de sa raison que nous auons raporté à la fin de la penultieme response deuant celle-cy. Et Sancius fort bon Autheur, *Dico filium familias non potentem eiicere domo Antillam cui sæpe copulatur, absoluendum toties, quoties pœnituerit, non solùm quando aliqua emendatio notatur, vt tenet Suarez, qui est Iesuite, verum quando nullus apparet profectus, quia impossibile moraliter non est, pœnitentem modo verè dolere de peccato, & proponere cauere, statim verò post reditum ad domum occasione instante mutare propositum.*

Auerées.

Les mémes Iesuites citez contre la precedente, repugnent aussi à celle-cy.

Autheurs Iesuites de contraire opinion.

Page 22 Ignorances.

Que c'est vne fausseté, de croire qu'on doit refuser l'Absolution à vn homme qui retombe tousiours dans ses crimes, & que

Baŋny ibid.

la seule veritable opinion sur ce suiet, est qu'on le doit absoudre.

Aucrées.

Autheurs non Iesuites de cette opinion.

Voila parler en Docteur resolu, & il n'appartient qu'à celuy qui mesprise le sentiment de toute l'Eglise, & de tous les Docteurs, de censurer ainsi l'opinion d'autruy: la modestie du P. Bauny à qui vous imputez cette effronterie, en est bien esloignée, aussi bien que l'est sa grande science, de l'erreur *qu'on ne doit refuser l'absolution*, &c. *& que c'est la seule veritable opinion*. Car en la page 1086. de sa Somme, cinquiéme edition, il enseigne expressement, *qu'on ne peut donner l'absolution à ceux qui ne veulent quitter les attaches qu'ils ont au peché, ny se separer des mauuaises compagnies.* Il dit bien au lieu que vous cottez qu'on peut donner l'absolution à vn homme qui retombe, *quelques frequentes que soient ses recheutes*, pourueu qu'il n'y ait point d'autre empeschement que celuy-là, & qu'en effet il ayt la douleur, & le propos necessaire. La responce precedente vous rendra raison de cette opinion, & vous en fournira les Authorités. I'y en adiousteray seulement vne de Sancius cy-deuant alleguée en ses Select. dis. 10. n. 16. *Quæro an Doctores contrariæ sententiæ absoluerent pœnitentem eadem sæpe venialia confitentem, quando nullus apparet profectus* *sectus; respondebunt sane se impendere absolutionem, quamuis occasio venialiter peccandi non esset abscissa; igitur & impertiri debent respectu mortalium quando fuerit dolor, & verum propositum cauendi in futurum.*

Auerées.

Les mesmes Autheurs Iesuites qui sont contre les precedentes sont contre celle-cy.

Autheurs Iesuites de contraire opinion.

Pag. 28. Ignorances.

Mais s'il arriue, adioustent-ils (pour ne rien obmettre de tous les excez imaginables.) que cette personne ne profite point de tous les aduertissemens qu'on luy a donnés; Si elle n'a point gardé les promesses qu'elle auoit faites de changer de vie? Si elle n'a point trauaillé à purifier son cœur, & à surmonter ses vitieuses habitudes; il n'importe, disent-ils, & quoy que quelques vns tiennent qu'on luy doit en ce cas refuser l'Absolution, neantmoins LA VERITABLE OPINION que l'on doit suiure, est qu'il la luy faut accorder.

Bauny ib. Sanchez Sum. l. 2. n. 32. n. 45.

Auerées.

Vous portez le venin de vostre malice & de vostre imposture à la queüe de vostre remarque; en tout le reste il n'y a que de l'ignorance. C'est vne fausseté que le Pere Bauny & le Pere Sanchez ayent condamné iamais l'opinion de ceux qui ne veulent absoudre cette sorte de gens; c'est vne calomnie

Autheurs non Iesuites de cette opinion.

E

qu'ils ayent appellé leur opinion, *la seule veritable*: c'est vne maligne supposition de vostre malin esprit, qu'ils ayent vsé du mot *on doit*, car ils disent seulement, *on peut*. Enfin, c'est vne meschanceté qui procede de vostre mauuaise volonté, d'auoir retranché la condition qu'ils adioustent *pourueu qu'il ait vn veritable repentir*. En tout le reste qui est d'eux, ils ont de bons Autheurs & de bonnes raisons de leur costé que nous auons raporté aux responses precedentes.

Auerées.

Les mesmes Iesuites sont contre celle-cy, qui ont esté contre la precedente.

Page 29. Ignorances.

Ils soustiennent aussi, Que l'on doit absoudre celuy qui auouë que l'esperance d'estre absous, l'a porté à pecher auec plus de facilité qu'il n'eust fait, s'il n'eust point eu cette esperance.

Auerées.

Non pas qu'on *doiue*, au moins tousjours; mais *qu'on puisse*; choses bien differentes, comme vous voyez. Mais de grace, y a il peché qui ne puisse estre pardonné au Sacrement de penitence, quand on en approche bien disposé; ainsi que le P. Bauny suppose que sera ce penitent? Louïs de

Autheurs Iesuites de contraire opinion.

Bauny ib.

Autheurs non Iesuites de cette opinion.

Bela p. 2. casu 22. dit que ce seroit heresie de tenir la contraire opinion, à celle que vous reprenez icy: Ie voy bien Arnauld où vous visez, c'est à nous persuader vostre erreur, que *c'est la satisfaction & la penitence publique* (que vous faites preceder le Sacrement) qui seule a la vertu de remettre les plus grands pechez: vous sçaurez pourtant que l'Eglise en iuge autrement, & en a tousiours autrement iugé, iamais cette penitence Canonique n'a eu seulement la force d'en remettre le moindre, quand à la coulpe; ny mesme quand à la peine, deuant que la tache fust premierement effacée par la penitence Sacramentale: & si vous deferiez plus au Concile de Trente qu'aux instructions de S. Syran, vous seriez en cela de l'aduis de tous les Catholiques.

Page 31. Ignorances.

Vasquez & Mairat ont enseigné, Qu'vn simple Prestre pouuoit par commission consacrer des Prestres, sans auoir aucun fondement de cette erreur, qu'vne licence dangereuse de remettre en doute les choses les plus constantes dans toute l'Antiquité.

Auerées.

Les censures des opinions scholasti-

Autheurs non Iesuites de cette opinion.

E ij

ques, ne vous couſtent gueres, non plus que les iniures, de traitter ainſi des Docteurs de ce merite & vne ſentence ſi probable, qui eſt d'Innocent IV. in. c. 4. de conſecratione num. 4. qui ſe tire du Pape Eugene *in decreto, ordinarius miniſter Sacramenti ordinis eſt ſolus Epiſcopus*, d'où l'on infere, *ergo datur extraordinarius*. Qui eſt d'Aureolus chez Capreolus in 4. diſt. 25. q. 1. A. 2. d'Ang. ſum. v. ordo n. 2. de la Gloſe in cap. peruenit 95. & in cap. manus diſtin. 5. de Panormitan. in cap. 4. de conſecratione. Bref, de tous ceux qui ont crû que *Chorepiſcopi non erant verè Epiſcopi*. J'adiouſte que M. Degamaches n'en eſt pas bien eſloigné, tenant, p. ge 679. de Sacramen. ordinis, que le ſimpl Preſtre pouuoit ordonner vn Diacre. Et Hallier voſtre bon amy enſeigne le meſme touchant le Soudiacre, page, ſi ie ne me trompe, 569. de Sacram. ordin. vous auriez bien de la peine de prouuer par l'antiquité que les ſimples Preſtres ayent pû faire l'vn pluſtoſt que l'autre, dites à Hallier qu'il vous en aporte quelque bonne raiſon, s'il en a.

Auerées.

Autheurs Ieſuites de contraire opinion.

Le Pere Petau to. 3. *Theologicorum dogmatum* l. 2. c. 2. de Hierarch. pag. 788. eſt de contraire opinion, & d'autres Iesuites aussi.

Page 31. Ignorances.

Ils veulent qu'il n'y ait point d'obliga- | Henriquez tion de receuoir le Sacrement de l'Extref- | l. 2. cap. 10. me Onction, contre le Concile de Cologne | n. 3. Suarez sous Paul III. part. 7. ch. 50. Le Concile de | Tom. 4. d. Sens sous Antoine du Prat, chap. de l'Extre- | 49. sect. 1. me Onction, & le Catechisme du Concile de | Layman l. Trente. | 5. Tract 8. cap. 7.

Auerées.

Ils veulent en cela ce que veulent pres- | Autheurs que tous les bons Autheurs, y en ayant | non Iesuites peu qui recognoissent aucune obligation | de cette opi- du precepte pour la reception du Sacre- | nion. ment d'extresme Onction : ce qui n'empesche pas que tous n'en recommandent l'vsage, tant qu'il leur est possible, & n'enseignent auec le Pere Bauny, *negligicaui non passe sine culpa mortali, tract. de extremâ vnctione p. 810.* Les authoritez que vous produisez au contraire, ne prouuent pas qu'il y ait aucune obligation de precepte, ou diuin, ou Ecclesiastique de le receuoir; mais exhortent seulement les Chrestiens, à ne se pas dispenser d'vne si saincte pratique, & ne se point priuer d'vn si grand bien : ou commendent de ne le pas mespriser. De cette opinion est S. Thom. in 4. dist. 23.

E iij

q. 1. qui dit, *eam non esse de necessitate salutis.* Nauar. c. 22. n. 19. Villalob. to. 1. tr. 10. deff. 5. n. 1. Sylvester v. vnctio. Victoria in summa n. 218. &c.

Aucrées.

Autheurs Iesuites de contraire opinion.

Le Cardinal Bellarmin Iesuite l. 1. de Sacramentis in Genere c. 22. dit *extremam vnctionem esse necessariam necessitate præcepti licet non medij.*

Page 32. Ignorances.

Rabardeau contre la definition expresse du Concile de Trente, soûtient, Que le Mariage des enfans de famille, est nul mesme quant au lien, *etiam quoad vinculum*, sans le consentement des Peres & Meres. Ce que le Pape a condamné d'vne manifeste Heresie.

Aucrées.

Autheurs non Iesuites de cette opinion.

Ce n'est point à l'authorité des parens, ains aux loix du Prince, que le Pere Rabardeau donne le pouuoir d'inualider le mariage des enfans, qui est fait sans leur consentement; & vous estes bien hardy de vous en prendre icy à la puissance Royale, dont le Parlement vous rendra bonne raison, quand vous aurez signé cette accusation. Pour le Concile de Trente que vous asseurez estre expressement contraire au P. Rabardeau, lisez ce qu'il respond à cela en la page 122. de son Liure, & vous trouuerés dequoy conuaincre vostre ignorance & confondre vostre malice, il commence ainsi ; *aliud est statutum quod pertinet ad integram authoritatem Ecclesiæ, aliud statutum ad mores tantum pertinens & honestiorem matrimonii celebrationem, quale tantum istud est Tridentini.* Vous allez de mal en pis, & vous finissez par vne manifeste menterie, dont tout Paris vous peut conuaincre, de dire *que le Pape a condamné cette opinion d'vne manifeste heresie*, car tout le monde sçait qu'il n'a pas dit vn seul mot de cette Sentence, ny d'aucune autre en particulier, quoy que Hallier ait fait son possible par ses impostures & calomnies pour cela. De l'opinion du Pere Rabardeau sont S. Basile Epist. 2. ad Amphilochu en ses Canons. *Lege viduæ codice de Nupt. lege. 2. ff. de ritu nupt. lege in coniunct. cod. de nuptiis, &c.* voyés les autres authoritez qu'il rapporte dans son liure.   Auerées.

P. Bauny tract. de matr. p. 701. Sanchez de Matri. Conink de Matri. & les autres Iesuites communément sont de contraire opinion au P. Rabardeau.   *Autheurs Iesuites de contraire opinion.*

Page 35. Ignorances.

Cellot pretend, Que les Freres Laics des Chanoines Reguliers & des Mendians appartiennent à la Hierarchie, entant   *Id lib. 7. c. 10. p. 604.*

E iiij

qu'ils aydent les Clercs de Regulier ; *De la mesme sorte* (dit-il) *que les Diacres appartenoient à la Hierarchie de l'Eglise auec les Apostres, entant qu'ils les soulageoient au soin des Tables & des Pauures.* Qui est vn erreur visible au regard des Diacres, qui appartiennent par eux-mesmes à la Hierarchie, & vne fausseté pleine d'insolence au ragard de ces Freres Laics, qu'on ne peut mettre dans la Hierarchie sans la renuerser.

Aucrées.

L'ignorance d'Arnauld est visible en ce lieu, auquel neantmoins il reprend d'erreur visible le Pere Cellot. Car qui ne sçait que c'est vne opinion probable qu'il y a eu iadis des Diacres en l'Eglise, qui n'apartenoiet point par eux-mesmes n'y à raison d'aucun ordre, à la Hierarchie Ecclesiastique, mais seulement à cause de l'assistance, & des seruices qu'ils rendoient aux Apostres, les deschargeant du soin des pauures, & du Ministere des tables. Quelques vns ont estimé, que les sept premiers Diacres estoient de ce nombre, & ie m'estonne qu'Arnauld ait la memoire si courte, qu'ayant cité en la page 20. de sa Theologie ce pretendu Concile, *In Trullo*, il ne se souuient plus, qu'il a ces paroles, *hos Diaconos non fuisse de viris qui ministrant mi-*

Autheurs non Iesuites de cette opinion.

nisteriis, (c'est à dire) *aux Messes, sed de ijs qui ad ministerium mensarum adhibebantur.* Arectas in 6. Actor. est de ce sentiment. S. Chrysostome rapporte par le Conciliabule *In Trullo.* Theophyl. in 6. actor. Beda tom. 6. Euseb. l. 2. Hist. c. 1. Lindan. l. 4. Parali. c. 79. Michael medina l. 1. de Contri. Caiet. in 6. Act. & in 1. ad Tit. c. 3. & to. 1. opuscul. & autres. Pourquoy donc le P. Cellot supposé la probabilité de cette opinion, n'a-il pas pû mettre ces Freres Laics de la mesme façon, en la Hierarchie, que cette sorte de Diacres y ont esté admis; non point par eux mesmes, puis qu'ils n'ont aucun ordre, ny iurisdiction spirituelle; mais seulement a raison des Prestres, & des autres qui y sont directement receus.

Auerées.

Le P. Salmeron in 6. Actor. & le P. Petau *dissert. Eccles.* l. 2. cap. 1. Iesuites estiment que les sept premiers Diocres auoient en effet l'ordre, & estoient employez aux fonctions Sacrées.

_{Autheurs Iesuites de contraire opinion.}

Page 36. Ignorances.

Ils renuersent la Discipline Ecclesiastique par le pouuoir demesuré qu'ils attribuent aux Reguliers, Bauny ayant osé dire, *Que les Mendians ont le mesme pouuoir que le Saint Pere, bien qu'auec dépendance; & que par conse-*

_{Bauny. Som. des pechez p. 807. edit.}

quent il est veritable de dire; que comme luy ils s'en pourront seruir quand besoin sera, hors de Confession, & qu'ainsi la Censure estant par eux leuée, ou la reseruation du peché, les Penitens pourront se faire absoudre de leurs fautes par qui ils trouueront bon estre, pourueu qu'il soit approuué de l'Ordinaire.

Auerées.

Autheurs non Iesuites de cette opinion.
Il y a long-temps qu'Hallier se pleint que le Pape gaste tout par les priuileges qu'il donne aux Reguliers, & ie ne doute point que vous qui en voulez non seulement aux Iesuites; mais encore au Pape, & à l'Eglise, ne le trouuiez aussi fort mauuais, & que ce ne soit la raison pourquoy vous appellez maintenant vn *renuersement de la discipline Ecclesiastique*, ce qui sert grandement à maintenir l'Eglise. Les paroles que vous attribuez au P. Bauny, ne sont pas de luy, mais de trois Autheurs qu'il cite; & s'il ne les improuue pas, comme en effet il ne les reiete, ny ne les approuue, c'est qu'il respecte plus l'authorité, & la raison que vous ne faites. Portel v. *Confessor regularis erga sæculares*, p. 165. à ces paroles, *possunt Confessores regulares absoluere sæculares ad suos conuentus venientes pro quibus sunt approbati toties quoties, ab omnibus Censuris & peccatis sedi Apostolicæ reseruatis*. & Diana page 3. tr. 2. Re-

fol. 20. *Confessores regulares possunt extra Sacramentum pœnitentiæ absoluere à censuris ratione suorum priuilegiorum.* Stephan. de Auila par. 2. disp. 3. Celest. tr. 8. de potes. Regul. *possunt absoluere ab omnibus casibus & delictis. & censuris Ecclesiasticis sedi Apostolicæ reseruatis, ita concessit Paulus 3. Patribus societatis Iesu an. 1543. Iulius Pontificatus sui an. 2. vt refertur in eorum compendio.* & Diana 3. p. tr. 2. resol. 9. *regulares virtute suorum priuilegiorum possunt commutare vel dispensare vota extra Confessionem.* & Diana derechef. tr. 5. 25. dit, *regulares possunt dispensare in omnibus votis en quibus potest Episcopus.*

Page 36. Ignorances.

Il adiouste, *Que ce que l'on dit de l'Excommunication, & autres telles Censures Ecclesiastiques, se doit aussi entendre des vœux, iuremens, &c.*

Ibidem.

Aueréts.

Vous finissez par vn & cætera, il ne falloit que poursuiure de rapporter les paroles du Pere Bauny, qui eussent fait voir vostre mauuaise foy, & en eussent conuaincu tout le monde: Donc au lieu de l'&c. le Pere dit, *& autres telles choses qui sont en leur pouuoir par priuilege.* Puisque les Reguliers ont aussi bien priuilege pour les vns

Autheurs non Iesuites de cette opinion.

que pour les autres, pourquoy n'en pourront-ils pas vser egallement? c'est l'opinion de Portel cy-deuant cité, *& in verbo dispensatio, 255. possunt regulares dispensare circa omnia iuramenta annexa votis non reseruatis Papæ.*

Page 36. Ignorances.

Ibid p. 489. Le mesme Autheur nie, que les Euesques puissent commander, sous peine d'Excommunication, d'assister aux Messes de Paroisses, contre les paroles expresses du Concile de Trente, qui leur enjoint de le faire; ce qui a esté depuis ordonné dans beaucoup de Conciles Prouinciaux.

Aucrées.

Autheurs non Iesuites de cette opinion. Ce n'est pas d'aujourduy que le P. Bauny a satisfait à cette accusation, & a respondu qu'il n'a ny dû, ny peu escrire autrement, puisque Clement 7. & Leon 10. ont abrogé le droit ancien par les bulles, par lesquelles ils ont permis aux fidelles d'entédre la Messe dans les Eglises des Reguliers, & qu'ils ont osté aux Euesques le pouuoir de casser ce priuilege, puis qu'ils ne peuuent abroger, oster, ou restreindre les droits des Souuerains Pontifes, dont les priuileges sont vne partie, non plus que la coustume generale, receuë par tout le monde, & qui pour ce subiet appartient au droit cómun. C'est pourquoy dit Nauarre cap. 21. *excommu-*

mitatio quam contra illa ferrent esset nulla. I'oubliois le Pape Clement 8. qui par vne Bulle expresse du 22. Dec. l'an 1592. la premiere année de son Pontificat, deffend aux Euesques & aux Curez d'empescher les fidelles d'aller les Dimanches entendre la Messe chez les Religieux, & declare, *licere sæcularibus Christi fidelibus vniuersis liberè missas diebus dominicis & alijs maioribus festis audire in Ecclesiis, tam fratrum prædicatorum, quam aliorum mendicantium, nec non etiam Collegi societati Iesu iuxta illorum priuilegia & antiquas consuetudines.* Le Concile de Trente que vous alleguez faussement, ne dit pas cela de la Messe de Paroisse, mais seulement du Sermon, c'est en la Sess. 24. chap. 4. *moneat Episcopus populum diligenter teneri vnumquemque Parochiæ suæ interesse, vbi commodè id fieri potest, ad audiendum verbum Dei.* Ie ne m'estonne pas que vous portiez si peu de respect à ce Concile, que de le citer tousiours à faux, puisque vostre Maistre Sainct Syran vous a enseigné que *c'est le Concile du Pape,* que vous ne recognoissez pas, & des Scolastiques, à qui vous en voulez. Portelin. dub. Regularium v. missa v. 2. additi, & autres communement.

Page 36. Ignorances.

La Pratique Beneficiale de ce mesme Theologien, semble n'auoir esté faite que pour ruiner la Iurisdiction Ecclesiastique, se seruant malicieusement pour cét effet de beaucoup d'Arrests, qui ont esté cassez par la pieté de nos Roys.

Auerées.

Autheurs non Iesuites de cette opinion.

I'ayme mieux attribuer à ignorance cette medisance, que de la rapporter à la calomnie, comme ie ferois si elle venoit d'vne personne plus capable que vous; car ie ne croy pas que vous ayez seulement leu la pratique beneficiale du Pere Bauny, dont vous parlez en termes si iniurieux. Les plus grands cerueaux de France qui ont veu cét ouurage l'ont infiniment prisé, & le feu Cardinal de Richelieu en a dit plus de loüanges que vous n'en dites de mal, ayant admiré que le Pere eût le premier pû ramasser en vn corps, auec vn si bel ordre, la façon de conferer les benefices, & tout ce qui est particulier à la France.

Page 40. Ignorances.

Cellot, de Hierarch. lib. 7. c. 23.

Cellot a confirmé cette erreur, en disant, *Qu'il faut que tous les hommes, & que l'Eglise mesme se trompe; & s'il n'y a rien de meilleur dans le Monachisme, que dans l'Episcopat.*

Auerées.

Autheurs non Iesuites de cette opinion.

Quoy que vostre citation soit fausse (comme plusieurs autres que nous auons dissimulé) n'y ayant que 14. chapitres en ce liure du Pere Cellot; & que ie me pourrois bien difpenfer en fuite fi ie voulois de refpondre en cette occafion, à vn homme qui parle fi iniurieufement, comme vous faites de l'eftat Religieux; ie ne laifferay pas de vous dire que quand il n'y auroit en la vie Religieufe, que l'éloignement qu'elle apporte des occafions de pecher, dont l'Epifcopat n'efloigne pas, au contraire, les biens temporels, les honneurs qui l'accompagnent en fourniffent fouuent de bien grandes: & qu'elle donne les moyens de fe defaire de fes imperfections & paffer en fuite en vn eftat plus parfait; Le Pere Cellot n'auroit pas dit fans raifon, *qu'il y a quelque chofe de meilleur*, non dans *le Monachifme*, qui n'eft en vfage que parmy les heretiques & les impies comme vous; mais en la religion; qu'il *n'y a dans l'Epifcopat*. Et c'eft cette confideration qui a fait que tant de fainéts perfonnages ont mieux aymé l'humilité de la vie Religieufe, que la dignité d'Euefque; y trouuant moins de hazard, & plus d'aide pour auancer leur falut; quoy que Aurelius le blafme, & que Hallier qui eft d'vne vertu à le preuue de toute tentation, faffe le contraire de fes Saincts perfonnages, & qu'il enfeigne mefme, *au Liure de Sacr. ord.* n'eftre permis à perfonne de fe retrancher le pouuoir d'estre Euesque; & qu'en la page 619. vindic, il blasme les Euesques qui en ont vsé autrement.

Page 25. Ignorances.

Ib. lib. 5. 24. p. 400.

Il soustient aussi & Bauny auec luy, qu'il n'est point absolument necessaire aux Religieux qui veulent Confesser, d'estre approuuez par les Euesques, mais qu'il leur suffit de se presenter lors qu'ils en sont capables, & que si on les refuse, le refus leur tient lieu d'approbation : contre l'expresse definition du Concile de Trente, & beaucoup de Decrets des Papes.

Aucrées.

Autheurs non Iesuites de cette opinion.

C'est en vouloir tout de bon à la puissance du Pape, que de trouuer à redire à cette Doctrine; & quoy que vous citiez icy le P. Bauny aussi infidellement que vous faisiez tout à cette heure le P. Cellot, la cause est trop bonne pour vous laisser sans response. Car la Clementine donne ce droit aux Reguliers, *si prælati fratribus præfati, & ad Confeßiones audiendo electis, licentiam exhibere recusarint : nos ex nunc ipsis, vt Confeßiones sibi confiteri volentium, liberè licitéque audire possint gratiosè concedimus, ex plenitudine sedis Apostolicæ*: & Capucinus in comp. priuil. dit, qu'Innocent. 8. a accordé aux freres Mineurs que s'estans presentez à l'ordinaire, soit

qu'il les approuue, soit qu'il ne les approuue pas, *siue deneget, siue concedat, præfatus
Dominus concedit, quod prædicti habeant facul-
tatem absoluendi ab omnibus.* Pour le Concile de Trente dont vous auez pris l'obiection chez le Pere Cellot, y laissant la responce ; il ne deroge pas par sa constitu-
tion aux Priuileges anciens, *lex enim poste-
rior generalis sæpe limitatur p. speciale ius an-
tiquam*, ainsi que prouue N. arr. cap. pla-
cuit de pœnit. d. 6. num. . Portel, in
dub. Regul. v. confessor. *Regularis semel legi-
time præsentatus & approbatus non tenetur amplius
eidem Episcopo se præsentare*, Fœlicianus Epis-
cop. Scalensis. Diana, & autres.

Page 41. Ignorances.

Ils enseignent encore plus hardiment, qu'ayans esté vne fois approuuez, ils ne peuuent estre reuoquez, ny limitez en vn certain lieu. *Ib. c. 25. p. 402.*

Auerees.

Vous dissimulez malicieusement de sça- | Autheurs
uoir la condition qu'adiouste le Pere Bau- | non limi-
ny, au mesme lieu que vous alleguez, *Cum* | tes de cette
nulla causa iusta est renocationis regularibus da- | opinion.
tæ. Outre l'authorité de la pluspart des
Casuites, Portel rend cette raison de la
sentence que vous reprenez, *quia Regulares
licentiam habent à Papa supposita approbatione.*

F

Et Diana traitté second part. 3. resol. 27. cite Caranza, Rodriguez & 29. Docteurs qui ont signé le mesme à Barcelone, & en outre Villalobos in sum. to. 2. tracta. 9. diff. 53. num. 5. & Portel au lieu sus allegué dit, *idem Epicospus non potest eum amplius reprobare, secus si culpæ superueniant.*

Auerées.

Autheurs Iesuites de contraire opinion. Reginaldus Iesuite to. 1. cap. 16. q. 5. nu. 193. est de contraire sentiment, comme Fagundez Præc. 2. lib. 7. cap. 2. de la mesme compagnie.

page 41. Ignorances.

Et ce qui est de plus estrange, c'est qu'ayans esté obligez il y a neuf ou dix ans de recognoistre la fausseté de cette Doctrine par vne Declaration qu'ils donnerent à Messeigneurs les Prelats, coniointement auec tous les autres Religieux : Ces deux Autheurs qui ont escrit depuis cette Declaration, n'ont pas laissé de l'enseigner plus hardiment qu'ils n'auoient encore fait, rien n'estant capable de les arrester dans le dessein qu'ils ont formé de s'éleuer au dessus des Euesques, & estans prests de soustenir demain ce qu'ils auroient desauoüé auiourd'huy.

Auerées.

Autheurs non Iesuites Il ne faut que regarder à la fin de vostre libelle la declaration des Religieux que *de cette o-* *pinion.* vous rapportez pour recognoistre euidemment que vous mentez hardiment, & que vous leur imposez à bon escient, de dire qu'ils ont esté obligez de recognoistre la fausseté de cette doctrine. Car c'est autre chose qu'ils ayent esté obligez de renoncer à vn droit pour le futur, autre chose qu'ils l'ayent condamné, & qu'ils en ayent reconu la fausseté & la mauuaise possession, ce qu'ils n'auroient peu faire en conscience, ny sans preiudice de la verité, non plus que sans offenser griefuement le sainct Siege, duquel vniquement tenant ce priuilege, ils auroient nié la puissance à l'accorder, & par vne extreme ingratitude auroient blasmé sa bonté & sa liberalité en leur endroit. Au moins me direz vous, ils y ont renoncé pour l'auenir ; & moy ie vous demanderay, l'ont ils pû faire ? puisque le Pape Innocent troisiesme Canon 12. de foro competenti, le deffend si expressement par ces paroles. *Manifestè patet quod non solum inuiti, sed etiam voluntarij pacisci non possunt &c. cum non sit hoc beneficium personale cui renunciari valeat, sed potius toti Collegio Ecclesiastico indultum, cui priuatorum pacto derogari non potest, nec iuramentum licitè seruari potuit quod contra cano-*

F ij

nica statuta illicitis pactionibus informatur. Apres cela n'auriez vous pas meilleure grace de loüer le Pere Bauny, & les autres, de maintenir par leurs escrits les Priuileges des Religieux, puisque le Pape le veut ainsi; que de leur en sçauoir mauuais gré comme vous faites, pour vne ialousie que vous en conceuez?

Page 41. & 26. Ignorances.

<small>Bauny Som. des pechez p. 805. &c.</small> Bauny maintient, que les Priuilegiez ont le pouuoir d'absoudre des Cas reseruez à l'Euesque, contre la Declaration des Cardinaux de l'an 1557. & les Ordonnances de Clement VIII. 1601. & de Paul V. 1617. qui ont ont reuoqué toutes les graces accordées aux Reguliers, par eux, & leurs predecesseurs, auec defense sous peine d'Excommunication, d'absoudre d'aucun Cas que les Euesques se soient reseruez : Et contre le Decret de sa Saincteté d'apresent, imprimé au bout du Manuel de Paris, qui a renouuellé la mesme defense, & qui nomme expressément les Iesuites. Mais il se moc que de toutes ses Ordonnances des Papes, en disant qu'elles n'ont lieu que delà les Monts.

Aueées.

<small>Autheurs non Iesuites</small> Ce qu'enseigne là dessus le Pere Bauny, c'est que les Reguliers ont ce pouuoir à

raison de leurs Priuileges, les Papes n'y de cette opiayant point derogé par Bulles expresses, nion.
comme il faudroit selon la Bulle de Boniface 8. afin qu'ils en fussent decheus. Quand
à ce que vous alleguez des Papes, Portel
Autheur celebre & d'autre auec luy, maintiennent que leurs reuocations n'ont esté
que pour l'Italie, in dub. regul. v. confessor. Illa prohibitio vt supra tetigi facta est pro
sola Italia vt videre licet ex his verbis per vniuersum Italiam extra vrbem de gentibus, posseque regulares absoluere à prædictis reseruatis, virtute suorum priuilegiorum, dixere Rodriguez in
addit. ad sum. moral. tom. 3. cap. 12. Concil. Ioan.
à cruce in sua epit. Priuil. vbi bullam Pauli 3. citat
vt validam post illas declarationes: & Vega minimus 1. p. v. casus reseruati cas. 1. & cas. 15. non
est autem credendum tot ac tales viros in hoc deceptos fuisse & rem tam necessariam ignorasse si
extra Italiam illa prohibitio ligaret. Diana est
encore de l'opinion que vous reprenez 3.
pa. tr. 2. resol. 13. & il en cite d'autres qui
tiennent comme luy. Au reste si la modestie
vous plaisoit tant soit peu, vous deuiez icy
loüer celle du pere Bauny, dont vous taxez
la doctrine auec tant d'ignorance, car il exhorte en cet endroit les Religieux de rendre ce respect à l'Euesque, de ne point absoudre tant qu'ils pourront de l'excommu

F iij

nication *ab homine*, est-ce là vouloir s'esseuer au dessus des Euesques ? Mais puisque vous auez pris singulierement à tasche dans tout vostre libelle diffamatoire de noircir la reputation, & descrier la doctrine d'vn si grand Personnage, conformement aux instructions qu'Hallier, qui est ialoux de sa grande reputation, vous en a donné, il est bon que vous sçachiez que ce bon Docteur vostre confrere poussé par vne hayne qu'il a commune auec vous, contre tous les Iesuites, & par vne autre particuliere contre la personne du Pere Bauny, entreprit il y a quelques années de faire censurer la Sorbonne vne partie des mesmes cas de conscience qu'il vous a fourny contre luy : dessein qui luy reüssit si mal, qu'il ne seruit qu'à faire recognoistre sa furieuse passion contre ce Pere, & son extreme ignorance en ces matieres, toute la Faculté ayant iugé qu'il faudroit condamner la plus part des bons Autheurs, auant que de proceder à la condamnation du P. Bauny, qui n'auance rien, comme iusques icy vous aurez pû apprendre à vos despens, non seulement sans bonne raison, mais encore sans de grandes authoritez. Le iugement qu'en a fait la Sorbonne est le iugement de toute la France, ses liures estans recherchez de toutes parts, reduits en abregé par des hommes capables, traduits en langues estrangeres, & mis en pratique & en vsage par tout. Que si Hallier a rencontré plus de succez aupres de l'inquisition de Rome, qu'auprès de la Sorbonne, il ne s'en faut pas estonner, veu les suppositions, & les calomnies estranges, qu'il a employé contre vne personne absente, qui n'a iamais pû parler en sa cause, pour auoir ignoré les accusations & les impostures dont il le chargeoit. Depuis ce temps les choses estant venuës en euidence, & les memoires qu'Hallier fournissoit contre luy ayant esté descouuerts, il s'est trouué, qu'il imposoit au P. Bauny tout le contraire de sa doctrine, l'accusant aupres du Pape de donner trop de pouuoir aux officiers du Roy, au preiudice des graces & des immunitez du Clergé; & il n'y a personne qui ne sçache en France, que c'est luy plus que tout autre de ceux qui ont escrit, qui maintient dans ses liures les Priuileges des Clercs, & qui les exempte dauantage de la puissance seculiere, comme tantost nous auons montré. Messieurs les Euesques ne l'ignorent pas, & luy en sçauent gré; il n'y a qu'Hallier qui l'accuse du contraire à l'inquisition de Rome, où il combat la puissance Royale

F iiij

re en France s'il pouuoit sans estre decouuert, que ce Pere donne trop à l'Eglise, & trop peu au Roy.

Page 42. Ignorances.

On sçait combien le Liure de Rabardeau est iniurieux aux Euesques; & tous ceux qui ont quelque amour pour l'Eglise, ont eu horreur de voir vn Religieux & vn Prestre employer sa plume, pour sousmettre leur teste au Bourreau.

Aueréés.

<small>Autheurs non Iesuites de cette opinion.</small>

Pour separer la verité du mensonge, & l'innocence de l'iniure, le Pere Rabardeau a escrit des Clercs en general, *Qu'en certains crimes les plus enormes, ils decheoient de leurs Priuileges, & pouuoient estre punis par la iustice du Roy*. Voila ce que vous appellez *detestable doctrine*, & contre quoy vous dites encore rage en quelqu'autre endroit. C'est vne grande imprudence en vous, de vous attaquer ainsi à l'authorité du Roy, & d'entreprendre de luy donner les bornes qu'il vous plait; Monsieur le Chancelier en iugera quand vous aurez souscrit à cette accusation; cependant parce que vous ne respectez gueres son authorité, comme vous faites paroistre par les libelles dont vous remplissez tout Paris, en attendant qu'on employe quelque chose de plus fort, que le discours pour reprimer vos insolences; vous sçaurez que c'est de Panormitan que le Pere Rabardeau a tiré ce qu'il a escrit en cette matiere cap. etsi clerici de iudiciis. n. 99. de Nicol. Bœr: in decisione Budeg. de François Curti. in suis consil. de Chassen in Consuet. Burgund. de Iean Imbert. in praxi ciuili, & de quantité d'autres.

Auerées.

Le P. Bauny *de immunit. clericor.* & les autres Iesuites qui ont escrit des Clercs, sont de contraire sentiment au P. Rabardeau.

Autheurs Iesuites de contraire opinion.

Page 42. Ignorances.

Mais le comble de l'impudence contre l'authorité diuine des Prelats, est d'auoir fait trophée, & de s'estre declarez pour Autheurs des Libelles infames, qu'ils publierent il a neuf ou dix ans contre leurs Censures, & contre leurs Personnes sacrées. Pour ne se pas priuer de la gloire de cette entreprise insolente, ils ont leué le masque sous lequel ils s'estoient cachez, en descouurant dans leur Bibliotheque, approuuée par leur General, les propres noms de ceux qui ont composé ces mesdisantes satyres. Et ce qui passe toute creance, c'est qu'ils ont eu l'effronterie de mettre ces Liures contre les Censures des Prelats de France, & de la Sorbonne, au nom-

Biblioth. Script. Societatis Iesu, Authore Alegabe, ex eadem Societate.

Ib p. 49.

bre des Liures de Controuerse contre les Heretiques. Et de dire en particulier, que ces Libelles diffamatoires de Floydus, *Querimonia Ecclesiæ Anglicanæ, Spongia*, & autres, ont esté faits contre les Nouateurs, *contra Nouatores*.

Auérées.

Autheurs non Iesuites de cette opinion.

Ayant desia suffisamment respondu ailleurs à cette calomnie, ie diray seulement pour l'entiere satisfaction des Lecteurs, que c'est à tort qu'Arnauld fait icy responsables les Iesuites de France, de ce qu'vn Italien a recognu pour suiets de leur compagnie les deux Anglois qui ont escrit en faueur des Religieux, contre les pretensions de Monsieur de Chalcedoine: comme s'il ne sçauoit pas que Petrus Aurelius l'a imprimé il y a plus de douze ans, & que son Liure a donné cours à cette opinion dans les pays estrangers, aussi bien que dans la France. Et c'est merueille qu'Arnauld ait perdu la memoire de ce temps-là, luy disie, qui

S. Syran & Arnauld ont trauaillé à Aurelius mais diuersement.

ne pouuant encore pour lors à raison de sa grande ieunesse, nuire par son esprit aux Iesuites, seruoit de garçon d'imprimeur, portant luy mesme les espreuues de ce Liure, le plus iniurieux qui ait iamais paru contre les Iesuites, mesme sous le nom des heretiques, à feu l'Abbé de S. Syran, & en distribuant les exemplaires par toutes les maisons où il auoit entrée; afin de signaler dés lors sa hayne contre cette compagnie, & faire voir à tout le monde par vne chaleur si estrange, & vn zele si auancé pour la *Synagogue*, que si l'Abbé de saint Syran, & l'Euesque d'Ipre, auoient pû coniointement enfanter ce monstre pour la ruine des Iesuites, il le sçauroit bien maintenir apres eux, voire mesme en produire tout seul d'aussi infames, qu'il en estoit sorty de ce honteux accouplement: chose qui faisoit bien mal au cœur à quelques bonnes ames du Port-Royal ses proches parentes, lesquelles gemissoient de voir ainsi reuiure en leur sang la hayne contre les Iesuites, qu'ils croyoient esteinte en leur famille par la mort du pere; & ne cessoient d'employer leurs larmes & leurs remonstrances, pour destourner ce ieune homme de ces animositez recherchées, si nuisibles à sa conscience, si contraires à sa reputation, & si esloignées des loix d'vne charité Chrestienne. Iusques-là que pour le fleschir, elles luy mettoient deuant les yeux l'exemple de son propre Pere, qui au lict de la mort auoit regretté auec sanglots le mal qu'il auoit fait par ses plaidoyers à cette saincte Compagnie. Mais *les nouuelles & mysterieuses*

instructions des de son grand directeur l'Ab-
de S. Syran, qu'il consideroit des lors comme le Venerable Pere de *l'Eglise future*, luy
faisoient mespriser toutes ces pleurs, & renoncer à toutes les considerations *d'vn Chri-*
stianisme mourant: & du depuis par vn long é-
tude, & par vn grand vsage, fauorisé du naturel aussi bien que de l'extraction, s'estant
fait propres les Maximes de ce grand *Legis-*
lateur, enuoyé au monde pour l'establissem̃t
d'vne nouuelle Eglise, & qui auoit pour
Maxime fondamentale de cette glorieuse
entreprise, *Qu'il y auoit vn temps pour edifier,*
& vn temps pour ruiner: que Dieu auoit long-temps
trauaillé à bastir l'Eglise, & que maintenant il
s'employoit à la destruire: qu'il falloit se rendre
cooperateurs des desseins de Dieu, & renuerser tout
ce qui s'y opposoit; & que par consequent il falloit
exterminer les Iesuites qui empeschoient tant qu'ils
pouuoient la ruine de cette Eglise; quelle merueille si maintenant Arnauld paroist si bõ
Disciple d'vn *si bon Apostre*.

SAINT BERNARD EN L'EPISTRE
195. *à l'Euesque de Constance.*

ARnaldus vtinam tam sanæ esset doctrinæ, quàm districtæ est vitæ. Si vul-

93

as scire, homo est neque manducans neque bibens, solo cum Diabolo esuriens & sitiens sanguinem animarum. Vnus de numero illorum, quos Apostolica vigilantia notat, habentes formam pietatis, virtutem illius penitus abnegantes: & ipse Dominus, venient, inquiens, ad vos in vestimentis ouium, intrinsecus autem sunt lupi rapaces. Is ergo ipsam in qua natus est, valde atrociter commouit terram, & conturbauit eam: vnde & accusatus est apud Dominum Papam schismate pessimo: schismaticus insignis, execratus à Petro Apostolo: adhæserat ABAILLIARDO SANSYRANDO, cuius omnes errores ab Ecclesia iam deprehensos, atque damnatos, cum illo etiam & præ illo defendere acriter & pertinaciter conabatur, & in his omnibus non est auersus furor eius, sed adhuc manus eius extenta; non cessat tanquam leo rugiens circuiens & quærens quem deuoret: & nunc apud vos operatur iniquitatem, & deuorat plebem vestram sicut escam panis: cuius maledictione & amaritudine os plenum est: veloces pedes eius ad effundendum sanguinem: contritio & infœlicitas in viis eius, & viam pacis non cognouit: inimicus crucis Christi, *Seminator discordiæ, frabricator schismatum, turbator pacis,*

<small>La Doctrine de S. Syran est la même que celle de Iansenius condânée par l'Eglise.</small>

vnitatis diuifor: cuius dentes arma & fagittæ, & lingua eius gladius acutus : molliti sunt sermones eius super oleum, & ipsi sunt iacula : vnde & solet sibi allicere blandis sermonibus, & simulatione virtutum, diuites & potentes, iuxta illud, sedet in insidiis cum diuitibus in occultis vt interficiat innocentem: demum cum fuerit de illorum captata beneuolentia, & familiaritate securus, videbitis hominem, *Apertè insurgere in Clerum, insurgere in Episcopos, & in omnem passim Ecclesiasticum ordinem desæuire*. Hoc scientes, nescio an melius salubriusue in tanto discrimine rerum agere valeatis, quàm iuxta Apostoli monitum, auferre malum ex vobis : quanquam amicus sponsi, ligare potius quàm fugare curabit, ne iam discurrere, & eò nocere plus possit. Nam si capi vulpes pusillas, demolientes vineam, scriptura salubriter monet, non multò magis lupus magnus & ferus religandus est, ne Christi irrumpat ouilia, oues mactet, & perdat.

Qui doutera que saint Bernard n'ait escrit cecy par esprit de prophetie, & autant pour nous auertir du present, que pour nous instruire du passé?

www.ingramcontent.com/pod-product-compliance
Lightning Source LLC
Chambersburg PA
CBHW060130190426
43200CB00038B/2193